Übung macht den Meister

Industriemeister
- Grundlegende Qualifikationen -

Betriebswirtschaftliches Handeln
- Prüfungsvorbereitung -

von

Tarkan Bülbül
Meister für Schutz und Sicherheit

2. Auflage 2017

Verlagshaus Zitzmann, Nürnberg

Im Verlagshaus Zitzmann sind erschienen / werden erscheinen:
(Stand 07/2019)

Ausbildereignungsprüfung gem. AEVO:
Ausbildereignungsprüfung Lehrbuch
Ausbildereignungsprüfung Übungsbuch
Gesetzessammlung Ausbildereignungsprüfung gem. AEVO

Industriemeister/Meister für Schutz und Sicherheit:
Gesetzessammlung Industriemeister GQ
Industriemeister Band 1 Rechtsbewusstes Handeln
Industriemeister Band 2 Betriebswirtschaftliches Handeln
Industriemeister Band 3 Zusammenarbeit im Betrieb
Industriemeister Band 4 Methoden der Planung (Sommer 2019)
Industriemeister Band 5 Naturwissenschaftliche und technische Gesetzmäßigkeiten
Industriemeister Rechtsbewusstes Handeln - Prüfungsvorbereitung
Industriemeister Betriebswirtschaftliches Handeln - Prüfungsvorbereitung

Meister für Schutz und Sicherheit:
Gesetzessammlung Meister für Schutz und Sicherheit HQ
Handlungsspezifische Qualifikationen Band 1 Schutz- und Sicherheitstechnik
Handlungsspezifische Qualifikationen Band 2 Organisation
Handlungsspezifische Qualifikationen Band 3 Führung und Personal
Sonderband: Sicherheitskonzepte

Fachkraft / Servicekraft für Schutz und Sicherheit:
Gesetzessammlung Fachkraft für Schutz und Sicherheit
Band 1 Lehrbuch Rechtsgrundlagen
Band 2 Lehrbuch Umgang mit Menschen
Band 3 Lehrbuch Dienstkunde/Sicherheitstechnik
Band 4 Lehrbuch Wirtschafts- und Sozialkunde

Geprüfte Schutz und Sicherheitskraft:
Lehrbuch Geprüfte Schutz- und Sicherheitskraft
Prüfungsvorbereitung Geprüfte Schutz- und Sicherheitskraft

Sonstiges:
Lexika für Sicherheitsmitarbeiter, u.a. Russisch, Türkisch, Englisch:
Lehrbuch Waffensachkundeprüfung
Arbeitsrecht für Sicherheitsunternehmen
Detektiv im Einzelhandel
Aushangpflichtige Gesetze im Bewachungsgewerbe
Aushangpflichtige Gesetze, Verordnungen und Unfallverhütungsvorschriften
Verbandbuch

Weitere Titel finden Sie unter www.verlagshaus-zitzmann.de

Weitere Bücher zum Thema Sicherheit sind in Vorbereitung.

Aktuelle Informationen erhalten Sie unter:
Internet: www.verlagshaus-zitzmann.de
Facebook: www.facebook.com/verlagshauszitzmann
Twitter: twitter.com/vh_zitzmann

Tarkan Bülbül, geb. 1976, ist Geschäftsführer eines Sicherheitsdienstes mit Sitz in Nürnberg, IHK geprüfter Meister für Schutz und Sicherheit, Ausbilder nach AEVO, Fachdozent für Sicherheit und Mitglied im Prüfungsausschuss Meister für Schutz und Sicherheit bei der IHK-Nürnberg.

Durch seine jahrelange Erfahrung, insbesondere im Bereich der Sicherheit, im Einzelhandel und Privatdetektei verfügt er über einen großen Erfahrungsschatz. Er bildete in den vergangenen Jahren eine Vielzahl von Detektiven im Einzelhandel, sachkundigen Mitarbeitern nach § 34a GewO und geprüften Schutz- und Sicherheitskräften aus. In Vorbereitungskursen zum Meister für Schutz und Sicherheit lehrt er unter anderem das Fach „Betriebswirtschaftliches Handeln".

Bibliographische Informationen der Deutschen Nationalbibliothek:
Die Deutsche Nationalbibliothek verzeichnet diese Publikation in der Deutschen Nationalbibliographie. Detaillierte bibliographische Daten sind im Internet unter http://dnb.d-nb.de abrufbar.

ISBN 978-3-96155-028-9

Haftungsausschluss:

Die Auswahl der Inhalte erfolgte mit großer Sorgfalt. Trotzdem kann nicht ausgeschlossen werden, dass in Prüfungen Inhalte Thema sein können, die nicht in diesem Buch aufgeführt sind.
Der Verlag schließt für etwaige daraus resultierende Schäden (Nichtbestehen einer Prüfung o. ä.) hiermit ausdrücklich jede Haftung aus, es sei denn, dass der Schaden aufgrund von Vorsatz oder grober Fahrlässigkeit eingetreten ist.

Sollten Sie Punkte vermissen oder sonstige Anregungen an uns haben, würden wir uns freuen, wenn Sie uns dies mitteilen.

Der leichteren Lesbarkeit wegen verwenden wir häufig die männliche Form. Mit diesem einfacheren sprachlichen Ausdruck sind selbstverständlich immer Frauen und Männer gemeint.

Das Werk einschließlich aller seiner Teile ist urheberrechtlich geschützt. Jede nicht ausdrücklich vom Urheberrechtsgesetz zugelassene Verwertung bedarf der vorherigen Zustimmung des Verlages. Das gilt insbesondere für Vervielfältigungen, Mikroverfilmungen, Übersetzungen und Digitalisierungen zum Einspeichern und Verarbeiten in elektronischen Systemen.

© 2017 Verlagshaus Zitzmann
Jörg Zitzmann, Äußere Sulzbacher Str. 37, 90491 Nürnberg
www.verlagshaus-zitzmann.de
info@verlagshaus-zitzmann.de
Tel: 0911/20555944

Lektorat: Ingrid Lehmann
Umschlagmotiv: © www.foto-und-mehr.de
Druck und Bindung: D.O.S. Document Office Solutions GmbH, Tutzing
Gedruckt in Deutschland

Inhaltsverzeichnis

Seite

Vorwort 7
Einführung 8

1	Überblick Fragen / Rahmenplan	10
2	Vorbereitung auf die schriftliche Prüfung	13
3	Neun Tipps für eine erfolgreiche Bearbeitung der schriftlichen Prüfung	15
4	Nach der schriftlichen Prüfung	18
5	Mündliche Ergänzungsprüfung	19
6	Fragen zu den einzelnen Themenbereichen	20
7	Probeprüfung	100
8	Lösungen zu allen Fragen und Probeprüfungen	108
8.1	Antworten zu den einzelnen Themenbereichen	108
8.2	Lösung zur Probeprüfung	170
9	Quellenverzeichnis / Literaturverzeichnis	**178**

Vorwort

Nach dem großen Erfolg des Lehrbuchs „Industriemeister – Grundlegende Qualifikationen – Band 2 Betriebswirtschaftliches Handeln (2. Auflage) wurde immer wieder beim Verlag nachgefragt, ob es nicht etwas Spezielles zur Prüfungsvorbereitung gäbe.

Zwar bietet das Verlagshaus Zitzmann digitale Lernkarten zum Thema an, ein eigenes Vorbereitungsbuch auf die Prüfung selbst fehlte jedoch.
Diese Lücke wird durch das vorliegende Buch für den Bereich „Betriebswirtschaftliches Handeln" geschlossen, das – wie auch die anderen Bücher aus dem Verlagshaus Zitzmann – nach genau drei Kriterien erstellt wurden:

- Rahmenplan
- Prüfungsrelevanz
- Verständlichkeit

Der Rahmenplan ist frei zugänglich, die Prüfungsrelevanz wurde durch Auswertung aller frei erhältlichen Prüfungen seit 2006 sichergestellt.
Zudem hat der Autor, der die Prüfung selbst durchlaufen hat, beim Schreiben dieses Buchs großen Wert auf maximale Verständlichkeit gelegt, um den Lernaufwand zu minimieren.
Der besseren Lesbarkeit zuliebe wird in diesem Buch der männlichen Form der Vorzug gegeben. Selbstverständlich sind immer Frauen und Männer gemeint.

Viel Erfolg allen Nutzern dieses Buchs in der Prüfung.

Der Autor im August 2017

Einführung

Je nach Art des Industriemeisters (Metall, Elektro, Chemie, Schutz und Sicherheit ...) ist das Fach „Betriebswirtschaftliches Handeln" eines von drei oder bis zu fünf Prüfungsteilen. Neben „Rechtsbewusstem Handeln" ist es eher unbeliebt, da dem Fach anhängt, man müsse nur praxisferne Berechnungen durchführen.

Dies ist jedoch eine Fehleinschätzung. Zum einen sind meist ca. die Hälfte der Aufgaben keine Rechenaufgaben, zum anderen sind betriebswirtschaftliche Grundkenntnisse heutzutage für einen Meister unerlässlich. Daher besser jetzt in der Prüfung mit diesen Aspekten befassen als später in der Praxis zusätzlich zum Tagesgeschäft.

In der Prüfung wird das Fach 90 Minuten schriftlich abgeprüft, wobei offene Fragen (keine Multiple-Choice-Fragen) gestellt werden. Von maximal erreichbaren 100 Punkten werden 50 zum Bestehen benötigt.

Sie erhalten von der prüfenden IHK eine Formelsammlung zur Verfügung, mit der Sie während der Prüfungszeit arbeiten dürfen. Eigene Formelsammlungen sind in der Prüfung nicht zugelassen.

Für die Vorbereitung sollten Sie sich jedoch unbedingt ein Exemplar der Formelsammlung „Prüfungsvorbereitung Formelsammlung" zulegen, um sich mit dieser vorher vertraut zu machen. Kommentierungen sind in der Prüfung in diesem Fach nicht erlaubt.

Die Formelsammlung kann über den W. Bertelsmann Verlag in Bielefeld erworben werden.

Achtung:
Der Zeitansatz von 90 Minuten ist sehr knapp. Daher sollte vor der Prüfung unbedingt mehrfach unter Prüfungsbedingungen geübt werden. Nur so werden Sie in der Lage sein, die Prüfungszeit so zu nutzen, dass Sie auch alle Fragen beantworten können. Vielfach ist es so, dass Prüflinge mehrere Fragen wegen Zeitmangel nicht mehr beantworten können, was sich auf das Ergebnis dramatisch auswirken kann.

Eine mündliche Prüfung gibt es nicht, allenfalls eine „mündliche Ergänzungsprüfung" für den Fall, dass man in der schriftlichen Prüfung zwischen 30 und 49 Punkten erreicht und in den anderen Fächern bestanden hat. Das Ergebnis der mündlichen Ergänzungsprüfung wird dann mit dem schriftlichen Ergebnis 1:2 zusammengerechnet und durch drei geteilt.

Beispiel:
Schriftliches Ergebnis: 40 Punkte
Ergänzungsprüfung: 70 Punkte
40 + 40 + 70 = 150 ./. 3 = 50 Punkte gesamt => bestanden

Der Prüfungsteil „Betriebswirtschaftliches Handeln" ist in der Prüfung in fünf Bereiche aufgeteilt, die im Folgenden behandelt werden:

- Ökonomische Handlungsprinzipien
- Betriebliche Aufbau- und Ablauforganisation
- Organisationsentwicklung
- Entgeltfindung/KVP
- Kostenarten-, Kostenstellen- und Kostenträgerzeitrechnungen

Die Durchsicht der Prüfungen der letzten 10 Jahre zeigt, dass der Bereich **Kostenarten-, Kostenstellen- und Kostenträgerzeitrechnungen** in der Prüfung überproportional abgefragt wird. Meist ist auch eine Frage zu Gesellschaftsformen Prüfungsinhalt. Auch wenn das keine Gewähr für die Zukunft ist, sollten diese daher in der Vorbereitung entsprechend berücksichtigt werden.

Im Folgenden finden Sie zunächst eine Zuordnung der Fragen zu den einzelnen Bereichen im Rahmenplan, dann die Fragen und die Lösungen.

Hinweise zur Prüfung selbst und auf die einzelnen Teilbereiche abgestimmte Fragen und zum Schluss eine komplette Probeprüfung, die Sie unter Prüfungsbedingungen bearbeiten sollten, runden das Buch ab.

Nach dem Durcharbeiten (nicht Durchblättern oder -lesen!) dieses Buchs sollten Sie in der Lage sein, den Prüfungsteil „Betriebswirtschaftliches Handeln" erfolgreich zu bearbeiten.

1 Überblick Fragen / Rahmenplan

Nr.	Stichwort	RSP
1	REFA	
2	Betrieb	2.1.1
3	Unternehmen	2.1.1
4	Personengesellschaften	2.1.1
5	OHG	2.1.1
6	Haftung	2.1.1
7	KG	2.1.1
8	UG	2.1.1
9	GmbH	2.1.1
10	Kapitalgesellschaft	2.1.1
11	Jur. Person	2.1.1
12	AG-Organe	2.1.1
13	Unternehmensform	2.1.1
14	Kartelle	2.1.1
15	Globalisierung	2.1.1
16	Aufbauorganisation	2.2.1
17	Aufbauorganisation	2.2.1
18	Produktionsfaktor	2.1.2
19	Produktionsfaktor	2.1.4
20	Produktionsfaktor	2.1.3
21	Recycling	2.1.3
22	Aufbauorganisation	2.2.1
23	Aufbauorganisation	2.2.1
24	Aufbauorganisation	2.2.1
25	Aufbauorganisation	2.2.1
26	Stellen	2.2.3
27	Stellen	2.2.3
28	Instanz	2.2.3
29	Unternehmensplanung	2.2.4
30	Ablaufplanung	2.2.5
31	Auftragszeit	2.1.3
32	KVP	2.4.2
33	Aktie	2.1.1
34	Fertigungsplanung	2.2.5
35	Arbeitsstrukturierung	2.2.5
36	Arbeitsstrukturierung	2.2.7
37	Arbeitsstrukturierung	2.2.5

38	KVP	2.4.2
39	Verlagerung, Betr.	2.4.2
40	KVP	2.4.2
41	Ergonomie	2.4.2
42	Arbeitssystem	2.1.3
43	Leistungsgrad	2.4.1
44	Auftragszeit	2.1.3
45	Werkstoffe	2.1.4
46	menschliche Arbeit	2.1.3
47	menschliche Arbeit	2.1.3
48	Entgelt	2.4.1
49	Kostenarten	2.5.1
50	Gemeinkosten	2.5.3
51	Kostenarten	2.5.3
52	Maschinenstundensatz	2.5.8
53	Selbstkosten	2.5.7
54	Akkordlohn	2.4.1
55	Wirtschaftsformen	2.1.1
56	Wirtschaftsformen	2.1.1
57	KVP	2.4.2
58	BVW	2.4.3
59	Kostenrechnen	2.5.2
60	Deckungsbeitrag	2.1.3
61	Akkordlohn	2.5.7
62	Selbstkosten	2.4.1
63	Akkordlohn	2.2.8
64	Auftragszeit	2.5.1
65	Maschinenstundensatz	2.4.1
66	Akkordlohn	2.5.3
67	Break Even Point	2.2.8
68	Personalbedarf	2.5.10
69	Gemeinkosten	2.5.7
70	Maschinenstundensatz	2.5.8
71	Akkordlohn	2.4.1
72	KVP	2.4.2
73	Wirtschaftsformen	2.1.1
74	Wirtschaftsformen	2.1.1
75	Wirtschaftsformen	2.1.1
76	Auftragszeit	2.1.3
77	Losgröße	2.2.4
78	Gemeinkosten	2.5.7
79	Kostenarten	2.5.1

80	Selbstkosten	2.5.7
81	Angebotskalkulation	2.5.7
82	Break Even Point	2.5.7
83	Wirtschaftsformen	2.1.1
84	Auftragszeit	2.1.3
85	BAB	2.5.5
86	Gemeinkosten	2.5.7
87	Angebotskalkulation	2.5.7
88	Netzplan	2.2.5
89	Netzplan	2.2.5
90	Netzplan	2.2.5
91	Netzplan	2.2.5
92	BAB	2.5.5
93	Beschäftigungsgrad	2.5.9
94	Lager	2.2.4
95	Aufbauorganisation	2.2.1
96	Kritische Menge	2.5.9
97	X-Opt	2.2.9
98	Lager	2.2.9
99	Deckungsbeitrag	2.5.8
100	Lager	2.2.9
101	Lager	2.2.9
102	Zeitgrad	2.4.1
103	Balkenplan	2.2.5
104	Bilanz	2.5.1
105	Bilanz	2.5.1
106	Bilanz	2.5.1
107	Erzeugnisgliederung	2.2.8
108	Rentabilität	2.5.11
109	Deckungsbeitrag	2.5.8
110	BEP - Grafisch	2.5.7
111 ff	Probeprüfung	

2 Vorbereitung auf die schriftliche Prüfung

Zwar sollten alle Themenbereiche gelernt und im Idealfall beherrscht werden, doch wird das auf Grund der Fülle des Stoffs und zeitlicher Einschränkungen durch Arbeit und Privatleben nicht immer möglich sein.

Dann bieten die vorgenannten Hinweise Anhaltspunkte, welche Bereiche des Stoffs wichtig sind und welche man vielleicht etwas vernachlässigen kann.

Trotzdem gilt: Jeder ist selbst verantwortlich, was und wieviel er lernt. Dieses Buch kann nur eine Hilfe bei der Auswahl sein.

Auf die Frage, wie man sich am besten auf die Prüfung vorbereitet, gibt es keine Musterantwort, da jeder Mensch anders lernt.

Ein Hilfsmittel, das vielen Teilnehmern hilft, ist ein Karteikartensystem. Klassisch wird hier mit Karteikarten aus Papier gearbeitet, inzwischen gibt es aber auch „digitale" Karteikarten, die mittels Cloud immer und überall verfügbar sind.

Das Verlagshaus Zitzmann bietet ein solches System an. Weitere Informationen finden Sie auf der Verlagshomepage.

Wichtig:
Bringen Sie zur Prüfung mindestens zwei Stifte, ein Getränk und am besten zwei Uhren mit, falls eine ausfällt.

Wie schon in der Einleitung ausgeführt, kann in der Prüfung eine von der prüfenden IHK gestellte Formelsammlung verwendet werden.

Um das Thema Prüfungsangst zu minimieren, sollten Sie folgende Punkte – die nicht abschließend sind – beachten:

- Überblick über den Stoff anhand des Rahmenplans verschaffen
- Schwerpunktangaben in diesem Buch beachten und danach lernen
- Erst zur Prüfung anmelden, wenn Sie sich sicher sind
- Rechtzeitig vor Prüfungsbeginn vor Ort sein, Zeitdruck unbedingt vermeiden
- Stift/Stifte verwenden, mit denen Sie sich wohl fühlen
- Zeit beachten
- Nicht verrückt machen/machen lassen. Das Schlimmste, was passieren kann, ist, dass Sie die Prüfung wiederholen müssen. Es ist noch keiner in der Prüfung gestorben.

3 Neun Tipps für eine erfolgreiche Bearbeitung der schriftlichen Prüfung

Allgemein für die Bearbeitung der schriftlichen Prüfung gilt:

(1) Fragen genau lesen und nur beantworten, was gefragt ist.

Immer wieder passiert Folgendes:
Beispielsweise wird in einer Frage nach **Personengesellschaften** gefragt und ein Prüfling erläutert eine halbe Seite lang, welche **Kapitalgesellschaften** es gibt.

Hier wurde die Frage nicht (genau) gelesen und „einfach irgendwas" hingeschrieben, was aber mit der Fragestellung nichts zu tun hat.

Achtung:
Hier gibt es keine Punkte, da danach nicht gefragt war.

(2) Ein weiteres großes Problem liegt darin, dass viele Teilnehmer nicht ausführlich genug antworten und dadurch viele Punkte verschenken.

Beispiel:
Um beim obigen Beispiel zu bleiben lautet eine Frage z. B.: Erläutern Sie die Gesellschaftsformen und geben Sie je eine an.

Oft antworten Prüflinge im schriftlichen Teil nur so:

Personen- und Kapitalgesellschaften

Auf diese Beantwortung gibt es aber nur zwei von sechs oder mehr Punkten. Wenn man viele Fragen so beantwortet, bleibt man schnell unter dem Strich und wundert sich noch, warum ...

(3) Übersichtlichkeit/Verständlichkeit

Verwenden Sie für jede Frage eine neue Seite im Lösungsbogen.

So wird Ihre Lösung nicht nur übersichtlicher (der Korrektor wird es Ihnen danken), sondern Sie können auch noch später während der Prüfung Ergänzungen machen, ohne dass Sie mit lästigen Verweisen („Fortsetzung: siehe letzte Seite") arbeiten müssen.

Lesen Sie jede Antwort zum Schluss noch mal durch und überprüfen sie auf ihren Sinn. Oft enden in Lösungen Sätze im Nichts.

Achten Sie auch auf die Verständlichkeit Ihrer Lösungen. Vermeiden Sie daher Abkürzungen. Stichwortartige Aufzählungen sollten Sie nur verwenden, wenn so gefordert („Nennen Sie fünf Vorschriften zum Umweltschutz").

(4) Schreiben Sie unbedingt leserlich.

Unlesbare Passagen werden nicht gewertet.

(5) Seien Sie vorsichtig, wenn Sie in zwei Teilaufgaben dieselbe Lösung haben

Lautet eine Frage z. B.: Wer haftet
a. bei einer OHG?
b. bei GmbH?

und Sie würden bei a. und b. jeweils antworten „alle Gesellschafter in vollem Umfang", dann sollte Ihnen klar sein, hier stimmt etwas nicht.

Bei einer solchen Fragestellung soll ja gerade ein Unterschied herausgearbeitet werden. Entsprechend wird bei einer GmbH eben grundsätzlich nur mit der jeweiligen Einlage gehaftet.

(6) Beantwortung nach Punktezahl

Auch wenn es banal klingt: Orientieren Sie sich beim Umfang Ihrer Antworten an der Punktzahl, die es maximal für die Beantwortung der Frage gibt.

Wenn es auf eine Frage acht Punkte gibt, reicht es sicher nicht drei Worte hinzuschreiben. Umgekehrt macht es keinen Sinn zu einer Frage, die zwei Punkte bringt, eine ganze Seite zu schreiben.

(7) Nichts in die Prüfung hineininterpretieren.

Wenn z. B. eine Frage lautet: Die Ach & Krach AG ist voll ausgelastet und kann nicht mehr alle Aufträge bedienen. Mittel für Erweiterungen sind nicht vorhanden. Erläutern Sie, wie die Produktion trotzdem erhöht werden könnte.

Falsch wäre es, wie folgt zu antworten:
Das liegt bestimmt am hohen Krankenstand und der Urlaubszeit.

Für solche Interpretationen (Hoher Krankenstand/Urlaubszeit) gibt es keinerlei Hinweise. Lassen Sie die Finger davon!

Ist eine Fallkonstruktion unklar, fragen Sie die Aufsicht.

(8) Beachten Sie die Zeit

Viele Teilnehmer lassen sich am Anfang der Prüfung zu viel Zeit und werden dann nicht fertig. Sie müssen also die letzten Fragen ganz weglassen oder bearbeiten diese nur sehr kurz.
Sie haben nur 90 Minuten.

Trainieren Sie vor der richtigen Prüfung mit Übungsklausuren und achten in der Prüfung auf die Zeit.

Faustregel:
Pro 50 Punkte haben Sie in der Prüfung 45 Minuten Zeit.

(9) Vermeiden Sie zwischen dem ersten und dem zweiten schriftlichen Prüfungsteil Gespräche mit anderen Prüfungsteilnehmern.

Gerne wird in der kurzen Pause zwischen erster und zweiter Prüfung über die Fragen der ersten diskutiert, wie: „Hast Du auch bei der 2. Frage „256" als Ergebnis?".

Vermeiden Sie solche Diskussionen, die Sie nur verwirren können. Die erste Prüfung ist vorbei, Sie können nichts mehr ändern. Also entspannen Sie sich am besten **alleine** und konzentrieren sich dann auf den zweiten Prüfungsteil.

4 Nach der schriftlichen Prüfung

Nach Abgabe Ihrer schriftlichen Bearbeitung des Prüfungsbogens, wofür Sie selbst verantwortlich sind, wird dieser anonym einer Erst- und Zweitkorrektur unterzogen.

Das kann je nach IHK und Anzahl der Teilnehmer auch bis zu acht Wochen oder mehr dauern. Halten Sie trotzdem den Spannungsbogen hoch, um im Fall einer mündlichen Ergänzungsprüfung (siehe Kapitel 5) noch entsprechend fit zu sein.

Zudem sind die gelernten Inhalte ja auch wieder Stoff im „Handlungsspezifischen Teil", so dass Sie Ihr Wissen auch dort benötigen.

Sollten Sie einen der drei Prüfungsteile mit 30 - 49 Punkten nicht bestanden haben, haben Sie die Chance, dies durch eine mündliche Ergänzungsprüfung auszugleichen (vgl. Kapitel 5).

Zudem können Sie bei der IHK Einsicht in Ihre Klausur beantragen. Dort können Sie sehen, was Sie falsch gemacht haben und woran Sie noch arbeiten sollten. Wurden eine oder mehrere Aufgaben aus Ihrer Sicht nicht korrekt bewertet, können Sie eine Nachkorrektur verlangen. Dies macht aber nur Sinn, wenn Sie knapp an der nächsten Notenstufe sind, beispielsweise 45 - 49 Punkte haben.

5 Mündliche Ergänzungsprüfung

Eine mündliche Prüfung gibt es nicht, allenfalls eine „mündliche Ergänzungsprüfung" für den Fall, dass man in der schriftlichen Prüfung zwischen 30 und 49 Punkte erreicht und in den anderen Fächern bestanden hat.

Auch die mündliche Ergänzungsprüfung erfordert eine spezielle Vorbereitung, da die Prüfungssituation eine ganz andere ist als im schriftlichen Teil. Es wird nämlich nicht nur das fachliche Wissen abgefragt, auch das Auftreten spielt eine wichtige Rolle.

So sollte angemessene Kleidung (Hemd, lange Hose, eventuell Jackett) selbstverständlich sein, um nicht gleich einen negativen ersten Eindruck auf die Prüfer zu machen. Auch eine Begrüßung der Prüfer beim Betreten des Raums, eventuell sogar eine Begrüßung mit Handschlag gehört dazu. Auch Aspekte wie Blickkontakt werden berücksichtigt.

Wie schon in der Einführung erläutert, wird das Ergebnis der mündlichen Ergänzungsprüfung mit dem schriftlichen Ergebnis 1:2 zusammengerechnet und durch drei geteilt.

Beispiel:
Schriftliches Ergebnis: 40 Punkte
Ergänzungsprüfung: 70 Punkte
40 + 40 + 70 = 150 : 3   50 Punkte gesamt => bestanden

Man muss also doppelt so viele Punkte über 50 haben, wie man vorher zu wenig hatte.

6 Fragen zu den einzelnen Themenbereichen

| Frage 1 |

Womit beschäftigt sich die REFA – Methodenlehre (3 Punkte)?

| Antwort: |

| Frage 2 |

Erklären Sie den Begriff Betrieb (3 Punkte).

| Antwort: |

Frage 3

Erklären Sie den Begriff Unternehmung (3 Punkte).

Antwort:

Frage 4

Nennen Sie 3 Unternehmensformen für Personengesellschaften (3 Punkte).

Antwort:

Frage 5

Wie ist in einer OHG die Gewinnbeteiligung und Haftung geregelt (4 Punkte)?

Antwort:

Frage 6

Was bedeutet gesamtschuldnerische Haftung (3 Punkte)?

Antwort:

Frage 7

Welche Aufgaben und Befugnisse hat der Komplementär in einer KG (4 Punkte)?

Antwort:

Frage 8

In Deutschland gibt es eine Alternative zur englischen Ltd.
a. Nennen Sie diese Form (1 Punkt).
b. Wie ist die Regelung bezüglich des Stammkapitals bei dieser Form (2 Punkte)?

Antwort:

Frage 9

Wie hoch ist das Stammkapital, das zur Gründung einer GmbH benötigt wird (2 Punkte)?

Antwort:

Frage 10

Was sind Organe einer Kapitalgesellschaft, warum braucht man Organe (4 Punkte)?

Antwort:

Frage 11

Erklären Sie den Begriff „juristische Person" (3 Punkte).

Antwort:

Frage 12

Nennen Sie die Organe einer Aktiengesellschaft und deren Funktionen (4 Punkte).

Antwort:

Frage 13

Nennen Sie vier Konzentrationsformen (4 Punkte).

Antwort:

Frage 14

Geben Sie 2 Beispiele für verbotene Kartelle (4 Punkte).

Antwort:

Frage 15

Erläutern Sie je einen Vor- und Nachteil der Globalisierung (4 Punkte).

Antwort:

Frage 16

Nennen Sie die drei Kernfunktionen in einem Unternehmen (3 Punkte).

Antwort:

Frage 17

Zu den Ergänzungsfunktionen gehört auch die Leitung. Erläutern Sie die vier Hauptaufgaben der Leitung (8 Punkte).

Antwort:

Frage 18

Nennen Sie die drei Produktionsfaktoren (3 Punkte).

Antwort:

Frage 19

Welche drei Einflussfaktoren wirken sich auf die Arbeitsleistung aus (3 Punkte)?

Antwort:

Frage 20

Erklären Sie den Unterschied zwischen Rohstoffen und Hilfsstoffen (4 Punkte).

Antwort:

---
b
Frage 21

Es gibt 4 verschiedene Recycling-Möglichkeiten. Erläutern Sie in diesem Zusammenhang die Weiterverwendung (2 Punkte).

Antwort:

Frage 22

Was versteht man unter Aufbauorganisation (3 Punkte)?

Antwort:

Frage 23

Nennen Sie je zwei Vor- und Nachteile der sogenannten Einlinien-Organisation (4 Punkte).

Antwort:

Frage 24

Erläutern Sie, um welches Organisationssystem es sich in der Abbildung handelt (2 Punkte).

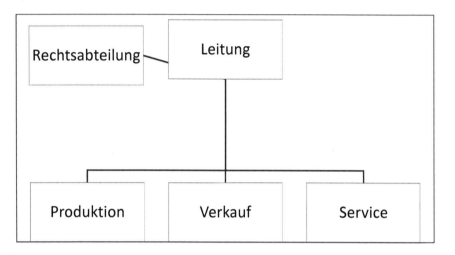

Antwort:

Frage 25

Erläutern Sie den Begriff „Stablinien-System" (Stablinien-Organisation) (2 Punkte).

Antwort:

Frage 26

Erläutern Sie fünf Informationen, die eine Stellenbeschreibung enthalten sollte (5 Punkte).

Antwort:

Frage 27

Erklären Sie die Begriffe Aufgabenanalyse, Aufgabensynthese und Stellenplanung (6 Punkte).

Antwort:

Frage 28

Was ist der Unterschied zwischen (ausführenden) Stelle und einer Instanz (4 Punkte)?

Antwort:

Frage 29

Erläutern Sie fünf Kriterien, die bei der Entscheidung zur Einführung neuer Produkte oder Dienstleistungen zu berücksichtigen sind (10 Punkte).

Antwort:

Frage 30

Was wird in der Ablaufplanung geregelt? Nennen Sie zwei gängige Instrumente dafür (5 Punkte).

Antwort:

Frage 31

Erläutern Sie die Begriffe Auftragszeit und Belegungszeit. Wie setzen sie sich zusammen?

Antwort:

Frage 32

In der Organisationsentwicklung gibt es unter anderem die
- Top-Down und
- Bottom-Up Ansätze

Erläutern Sie diese und nennen Sie je einen Vor- und Nachteil (6 Punkte).

Antwort:

Frage 33

Erläutern Sie die Begriffe:
- Nennwert einer Aktie
- Kurswert einer Aktie

(4 Punkte)

Antwort:

Frage 34

Beschreiben Sie die Fertigungsplanung und deren Aufgaben (4 Punkte).

Antwort:

Frage 35

Wodurch unterscheiden sich Job-Enlargement und Job-Enrichment (4 Punkte)?

Antwort:

Frage 36

Was sind die 7 Elemente eines Arbeitssystems nach REFA (7 Punkte)?

Antwort:

Frage 37

Erklären sie die Begriffe Arbeitsteilung, Mengenteilung, Artteilung (6 Punkte).

Antwort:

Frage 38

Was bedeutet KAIZEN? Welche fünf Hauptziele stehen im Mittelpunkt (8 Punkte)?

Antwort:

Frage 39

Nennen Sie 4 Problembereiche, die bei einer Auslagerung des Betriebes ins Ausland berücksichtigt werden müssen (4 Punkte).

Antwort:

Frage 40

Erläutern Sie den Begriff ABC-Analyse (3 Punkte).

Antwort:

Frage 41

Was bedeutet ergonomische Arbeitsplatzgestaltung? Was bedeutet Anthropometrie (4 Punkte)?

Antwort:

Frage 42

Arbeitsplatztypen richten sich nach der Art der Fertigungsorganisation. Erläutern Sie sechs verschiedenen Arbeitsplatztypen (12 Punkte).

Antwort:

Frage 43

Was bedeutet der Begriff Leistungsgrad (2 Punkte)?

Antwort:

Frage 44

Was versteht man unter Erholungszeit (2 Punkte)?

Antwort:

Frage 45

Erläutern Sie die Begriffe Rohstoffe, Hilfsstoffe, Betriebsstoffe (6 Punkte).

Antwort:

Frage 46

Definieren Sie den Begriff summarische Arbeitsbewertung (2 Punkte).

Antwort:

Frage 47

Definieren Sie den Begriff analytische Arbeitsplatzbewertung (3 Punkte).

Antwort:

Frage 48

Nennen Sie drei Arten der leistungsabhängigen Entgeltdifferenzierung (3 Punkte).

Antwort:

Frage 49

Welche Kosten können in einem Produktionsbetrieb anfallen? Nennen Sie vier der wichtigsten (4 Punkte).

Antwort:

Frage 50

Was verstehen Sie unter dem Begriff Gemeinkosten (2 Punkte)?

Antwort:

Frage 51

Definieren Sie die Begriffe variable Kosten und Fixkosten und nennen Sie je zwei Beispiele (8 Punkte).

Antwort:

Frage 52

Erläutern Sie, wozu man den Maschinenstundensatz braucht (3 Punkte).

Antwort:

Frage 53

Wie lautet die Formel zur Kalkulation der Herstell- und Selbstkosten je Mengeneinheit (14 Punkte)?

Antwort:

Frage 54

Erläutern Sie, welche Voraussetzungen erfüllt sein müssen, um Akkordlohn anwenden zu können (4 Punkte).

Antwort:

Frage 55

Was versteht man unter der sozialen Marktwirtschaft? Nennen Sie 10 Merkmale, an denen Sie diese erkennen (12 Punkte).

Antwort:

Frage 56

Erklären Sie das Gesetz von Angebot und Nachfrage (4 Punkte).

Antwort:

Frage 57

Erklären Sie den PDCA-Zyklus (8 Punkte).

Antwort:

Frage 58

Erläutern Sie vier Anforderungen, die ein Verbesserungsvorschlag erfüllen sollte, um im Betrieblichen Vorschlagswesen (BVW) berücksichtigt werden zu können (8 Punkte).

Antwort:

Frage 59

Was verstehen Sie unter Kostenarten, Kostenstellen und Kostenträger (6 Punkte)?

Antwort:

Frage 60

Ein Einprodukt-Unternehmen hat eine maximale Kapazität von 24.000 Stück.

Die Fixkosten betragen   350.000,00 €
Variable Stückkosten   42,00 €
Preis pro Stück beträgt   92,00 €

a. Ermitteln Sie die Gewinnschwellmenge (4 Punkte).

b. Bei wieviel Stück Produktion wird ein Gewinn von 180.000,00 € erzielt (4 Punkte)?

c. Ermitteln Sie die Gewinnschwellenmenge, wenn der Preis um 20 % sinkt und die variablen Kosten um 7 % steigen (6 Punkte).

Antwort:

Frage 61

Es müssen 50 Fahrradteile bearbeitet werden.

a. Wie hoch ist der Akkordverdienst brutto für die Bearbeitung dieses Auftrags, wenn folgende Angaben vorliegen:

    Zeit je Einheit: 15 Min.
    Rüstzeit: 40 Min.
    Tariflohn: 16,50 €/Std.

b. Wie hoch ist der Akkordlohn je Stunde bei einer tatsächlichen Arbeitszeit von 632 Min. und wie hoch ist dann der Zeitgrad (10 Punkte)?

Antwort:

Frage 62

Für die Fertigung fallen in einem Betrieb folgende Zahlen an:

Fertigungsmaterial:	21.200,00 €
Fertigungslöhne:	6.350,00 €
Sondereinzelkosten der Fertigung:	1.920,00 €

Die Gemeinkostenzuschläge betragen laut BAB:

Materialbereich:	7,5 %
Fertigungsbereich:	155 %
Verwaltungsbereich:	12 %
Vertriebsbereich:	13 %

Berechnen Sie die Selbstkosten (11 Punkte).

Antwort:

Frage 63

Ein Facharbeiter verrichtet Schweißarbeiten. Die festgelegte Normalleistung beträgt 15 Stück je Stunde.

a. Berechnen Sie den Minutenfaktor für den Akkordlohn, wenn mit einem Akkordrichtsatz von 16,80 € gerechnet wird und den Bruttolohn je Stunde, wenn der Arbeitnehmer 17 Werkstücke fertiggestellt hat (6 Punkte).

b. Die Akkordlohnabrechnung des Facharbeiters (eine Woche = 40 Stunden) weist einen Bruttoverdienst von 806,40 € pro Woche aus. Um wie viel Prozent lag seine tatsächliche Arbeitsleistung über der Normalleistung (6 Punkte)?

c. Wie viele Werkstücke pro Stunde müsste der Facharbeiter fertigen, wenn er einen Lohn von 21,00 €/Std. erzielen will (4 Punkte)?

Antwort:

Frage 64

Berechnen Sie aus nachfolgenden Daten, wie viele Mitarbeiter (Personen) pro Woche benötigt werden (5 Tage/Woche):

Tägl. Arbeitszeit = 7,5 Std. t_v = 10%   m = 1.500 Stück
Fehlzeit/Tag   = 1 Std. t_r = 250 Min. t_{er} = 5 %
              LG = 130 % t_g = 5 Min.

(10 Punkte)

Antwort:

Frage 65

Ein Unternehmen setzt bei der Herstellung des Produktes A eine Maschine ein. Folgende Daten sind bekannt:

Anschaffungskosten (AK)	1.200.000,00 €
Nutzungsdauer (gleichmäßige Nutzung)	10 Jahre
Wiederbeschaffungswert	1.800.000,00 €
Kalkulatorische Zinsen (auf AK)	7 %
Stellfläche 40 qm, Platzkosten	20 € / qm / Monat
Energiekosten	0,12 € / KWh
Anschlusswert 10 KW	Auslastung 80 %

a) Errechnen Sie den Maschinenstundensatz bei einer jährlichen Produktionsleistung von 2.000 Stunden (3 Punkte).

b) Wie würde sich eine größere Laufzeit auf den Maschinenstundensatz auswirken, was wäre der Grund hierfür? Welche Schlussfolgerung ergibt sich daraus (3 Punkte)?

Antwort:

Frage 66

Für die Fertigung von 1.800 Stück werden 3.105 Minuten als Vorgabezeit festgelegt.
Der Akkordgrundlohn beträgt 16,50 €/Std. Der Akkordzuschlag beträgt 10 %.

Ein Facharbeiter erledigt den gesamten Auftrag in 45 Stunden.

a. Wie hoch ist der erreichte Zeitgrad (4 Punkte)?
b. Berechnen Sie den tatsächlichen Stundenlohn des Facharbeiters (6 Punkte).
c. Wie hoch sind die gesamten Lohnkosten für diesen Auftrag (4 Punkte)?
d. Wie hoch sind die Lohnkosten pro Stück (4 Punkte)?

Antwort:

Frage 67

In einem Einprodukt-Betrieb stehen folgende Zahlen zur Verfügung:

Materialeinzelkosten	= 25,00 €/Stück
Fertigungslöhne	= 16,00 €/Stück
Spezialverpackung	= 3,00 €/Stück
Fixkosten	= 52.000,00 €
Maximale Produktionsmenge	= 2.500 Stück

a. Ermitteln Sie den benötigten Listenpreis, wenn bei Vollauslastung mindestens die Kosten gedeckt werden sollen (6 Punkte).

b. Der Break Even Point soll bei einer Auslastung von 75 % erreicht werden. Errechnen Sie den erforderlichen Preis für diesen Fall (4 Punkte).

c. Ermitteln Sie das Betriebsergebnis bei 85 % Auslastung und einem Preis von 92,00 €/Stück (4 Punkte).

Antwort:

Frage 68

Für das folgende Quartal liegen folgende Zahlen vor:

Kapazitätsbedarf = 22.000 Std.
Störzeitfaktor = 1,05
Soll Arbeitszeit/Tag = 8 Std
Arbeitstage = 60 T
Urlaub und Krankheit = 18 %

a. Berechnen Sie den Personalbedarf für das Quartal (5 Punkte).

b. Wenn nur 55 Mitarbeiter zur Verfügung stehen und das Unternehmen für diese kurzfristige Spitze keine Neueinstellungen vorsieht, wie hoch ist der Zusatzbedarf an Stunden und wie viele Mehrstunden fallen je Mitarbeiter in diesem Quartal an (8 Punkte)?

Antwort:

Frage 69

In einer Firma wurden folgende Daten ermittelt:

Materialeinzelkosten:	= 48,00 €/Stück
Materialgemeinkosten:	= 40,80 €/Stück
Fertigungsgemeinkosten:	= 83,20 €/Stück
Sonderkosten der Fertigung:	= 20,00 €/Stück
Verwaltungsgemeinkosten:	= 15,68 €/Stück
Vertriebskosten:	= 24,64 €/Stück
Fertigungs- Lohnkosten:	= 32,00 €/Stück

Berechnen Sie die Zuschlagssätze (10 Punkte).

Antwort:

Frage 70

In einem Betrieb wird eine neue Fertigungshalle eingerichtet.

Anschaffungskosten der Maschine:	150,000,00 €
Nutzungsdauer:	10 Jahre
Restwert nach Nutzungsdauer	15.000,00 €
kalkulatorische Zinsen:	7 %
Platzkosten:	8,00 €/m² je Monat
Fläche:	25 m²
Energiekosten:	0,12 €/kWh bei 8 KW Leistung
Instandhaltung und Wartung:	5% der Anschaffungskosten/Jahr

Berechnen Sie den Maschinenstundensatz bei einer geplanten Beschäftigung von 1.200 Laufstunden in Jahr (12 Punkte).

Antwort:

Frage 71

Beschreiben Sie je zwei Vor- und Nachteile der Leistungslohn-(Akkordlohn-) Verrechnung (4 Punkte).

Antwort:

Frage 72

Nennen Sie drei Methoden zur Zeitermittlung (3 Punkte).

Antwort:

Frage 73

Was versteht man unter dem ökonomischen Prinzip (4 Punkte)?

Antwort:

Frage 74

Was verstehen Sie unter freien und wirtschaftlichen Gütern? Geben Sie jeweils ein Beispiel (4 Punkte).

Antwort:

Frage 75

Warum kann eine Erhöhung der Geldumlaufmenge zur Inflation führen (4 Punkte)?

Antwort:

Frage 76

Folgende Daten liegen vor:

Zeit je Einheit (t_e): 7,2 min
Rüstzeit (t_r): 43 Min.
Gesamtauftrag (x): 515 Stück
Stundenlohn: 16,50 €

Ermitteln Sie:

a. Die Auftragszeit T (3 Punkte).

b. Welchen Lohn erhält der Mitarbeiter für den Gesamtauftrag (3 Punkte)?

c. In welcher Zeit hat er den Auftrag erledigt, wenn bei ihm ein Zeitgrad von 115 % ermittelt wird (3 Punkte)?

Antwort:

Frage 77

Definieren Sie den Begriff "wirtschaftliche Losgröße" (2 Punkte).

Antwort:

Frage 78

Worin unterscheiden sich Gemeinkosten und Einzelkosten (4 Punkte)?

Antwort:

Frage 79

Erklären Sie den Unterschied zwischen Fixkosten und variablen Kosten (4 Punkte)?

Antwort:

Frage 80

In einem Fertigungsbetrieb werden für die Erstellung eines Erzeugnisses nachfolgende Kosten verursacht:

Fertigungsmaterial:	15.750,00 €
Materialgemeinkosten:	52 %
Fertigungslöhne:	28.230,00 €
Fertigungsgemeinkosten:	215 %
Bestandsminderung:	1400,00 €
Entwicklungsgemeinkosten:	10 %
Verwaltungsgemeinkosten:	8 %
Vertriebsgemeinkosten:	10 %
Absatzmenge:	1200 Stück

Berechnen Sie die Selbstkosten pro Stück (10 Punkte).

Antwort:

Frage 81

Ein Produkt wird zu 118,00 €/Stück Selbstkosten hergestellt. Errechnen Sie den Brutto-Listenverkaufspreis nach folgenden Vorgaben (9 Punkte):

Gewinn und Risiko:	15 %
Vertreterprovision:	10 %
Skonto:	3 %
Mehrwertsteuer:	19 %
Rabatt:	10 %

Antwort:

Frage 82

Eine Maschine hat eine Kapazität von 5.000 Bauteilen pro Monat.

Fixkosten der Maschine: 23.500,00 €/Monat
Variable Stückkosten der Bauteile: 7,50 €/Stück
Preis für Bauteil: 15,50 €/Stück

a. Ermitteln Sie die Kosten pro Stück bei der Ausbringung von 5.000 Stück (4 Punkte).

b. Durch neue Aufträge können 7.500 Stück abgesetzt werden. Hierzu muss eine zweite baugleiche Maschine angeschafft werden (6 Punkte). Ermitteln Sie die Gesamtkosten und Kosten pro Stück für diesen Fall.

c. Berechnen Sie das Betriebsergebnis vor und nach der Kapazitätserweiterung (4 Punkte).

d. Wie hoch ist die erforderliche Mindestmenge, wenn ein Betriebsergebnis von 11.000,00 € nach der Kapazitätserweiterung erzielt werden soll (6 Punkte)?

Antwort:

Frage 83

Welche Überlegungen könnten bei Aufgabe 82 die Erhöhung der Kapazität begründen, obwohl man vor der Kapazitätserhöhung mehr Gewinn einfahren konnte (4 Punkte)?

Antwort:

Frage 84

Für eine Montagearbeit ist die Auftragszeit "T" nach folgenden Daten zu ermitteln:

Grundzeit je Einheit t_g:	2 Min./Stück
Z_v:	15 %
Z_{er}:	5 %
Rüstzeit t_r:	3,50 Std.
Gesamtmenge x:	2600 Stück
Fertigungslohn:	17,20 €/Std.

a. Ermitteln Sie die Auftragszeit "T" (4 Punkte).

b. Berechnen Sie die Lohnsumme des Auftrags (2 Punkte)?

c. In welcher Zeit wird der Auftrag bei einem Zeitgrad von 120 % ausgeführt (2 Punkte)?

d. Wie hoch fällt der Stundenlohn des Mitarbeiters nach Ausführung dieses Auftrags aus (2 Punkte)?

Antwort:

Frage 85

Beschreiben Sie die Aufgaben des BAB und nennen Sie die vier Bezeichnungen der Zuschlagssätze aus dem BAB (8 Punkte).

Antwort:

Frage 86

Einem Fertigungsbetrieb entstehen für die Fertigung eines Erzeugnisses nachstehende Kosten. Als Zahlen aus dem BAB stehen für den Abrechnungszeitraum zur Verfügung:

a. Berechnen Sie die folgenden Gemeinkostenzuschlagssätze (10 Punkte)

Materialgemeinkosten	100.032,00 €
Fertigungsmaterial	312.600,00 €
Fertigungsgemeinkosten	251.475,00 €
Fertigungslöhne	143.700,00 €
Verwaltungsgemeinkosten	64.624,56 €
Vertriebsgemeinkosten	105.014,91 €

b. Berechnen Sie die Selbstkosten pro Stück aus folgenden Angaben mit den unter a. errechneten Zuschlagssätzen (7 Punkte).

Fertigungsmaterial	1.950,00 €
Fertigungslöhne	265,50 €
Sondereinzelkosten der Fertigung	13,50 €

Antwort:

Frage 87

Ein Produkt wird zu 4.014,33 €/Stück Selbstkosten hergestellt.

a. Ermitteln Sie den Verkaufspreis nach den folgenden Vorgaben (6 Punkte):

Rabatt	15 %
Vertreterprovision	12 %
Skonto	3 %
Gewinn und Risiko	20 %

b. Wie hoch ist Ihr Gewinnzuschlag in %, wenn Sie das Produkt zum Konkurrenzpreis von 6.350,00 € anbieten müssen (6 Punkte)?

Antwort:

Frage 88

Erläutern Sie den Begriff kritischer Pfad. Was ist im kritischen Pfad zu beachten (4 Punkte)?

Antwort:

Frage 89

Folgende Informationen liegen zu einem Produktionsprozess vor:

Vorgang	Vorgänger	Nachfolger	Dauer
A – Vorbereiten	-	B, C	2
B – Gerüst	A	D	3
C – Kabelproduktion	A	E	6
D – Schleifen	B	E	9
E – Verbinden	D, C	-	3

Erstellen Sie einen Netzplan und zeigen Sie den kritischen Pfad an (12 Punkte).

Antwort:

Frage 90

Für den Produktionsablauf in einer Fahrradwerkstatt liegen folgende Daten vor:

Vorgang	Nachfolger	Dauer
A	B,	3
B	C, D	15
C	E, F	4
D	E	4
E	H	7
F	H	8
G	H, I	2
H	I	3
I	J	5
J	K	4
K		2

Erstellen Sie einen Netzplan und zeigen Sie den kritischen Pfad auf (12 Punkte).

Antwort:

Frage 91

Softwareentwicklung – Eine Software zur Echtzeitverarbeitung von Messwerten soll entwickelt werden. Zunächst soll die Entscheidung über die grundlegende Hardware getroffen werden (10 Tage).

Parallel hierzu lassen sich in einer Sequenz ein Algorithmus erstellen (4 Tage), Datenspeicherung festlegen (2 Tage) und danach Schnittstellenprogramme vorbereiten (12 Tage). Voraussetzung für das letztere ist, dass die Entscheidung über die Hardware getroffen sein muss.

Auch ist eine Dokumentation anzufertigen (15 Tage). Zuvor muss der Algorithmus fertig und die Entscheidung über HW getroffen sein.

Die Dokumentation erfolgt vor dem Test (6 Tage) und der Test vor der Übergabe (1 Tag). Für den Test müssen auch Schnittstellenprograme vorliegen.

Erstellen Sie einen Netzplan hierzu und zeigen Sie den kritischen Pfad an (14 Punkte).

Antwort:

Frage 92

Aus dem Betriebsabrechnungsbogen ergeben sich für den Monat Januar folgende Zahlen:

Kostenart	
Hilfslöhne	50.000,00 €
Gehälter	100.000,00 €
Sozialaufwand	50.000,00 €
Energiekosten	10.000,00 €

Kostenart	
Mietkosten	30.000,00 €
Kalk. Abschreibungen	50.000,00 €
Kalk. Zinsen	90.000,00 €

	Material	Fertigung	Verwaltung	Vertrieb
Stromverbrauch – Verhältnis	2	6	1	1
Raumkosten Fläche	500 qm	1.500 qm	600 qm	400 qm
Hilfslöhne	40	40	12	8
Gehälter	20	20	32	28
Sozialaufwand – Anzahl Mitarbeiter	160	560	152	128
Kalk. Abschreibung nach Anlagenwert	15.000	30.000	3.000	2.000
Kalk. Zinsen – Wert Umlaufvermögen	27.000	18.000	36.000	9.000

a. Ermitteln Sie die Gemeinkosten für die vier Kostenstellen (8 Punkte).

b. Ermitteln Sie die Zuschlagssätze mit folgenden Daten (4 Punkte):

Fertigungsmaterial: 485.000,00 €
Fertigungslöhne: 100.000,00 €
Mehrbestand Fertige Erzeugnisse: 26.500,00 €
Minderbestand unfertige Erzeugnisse: 46.500,00 €

Antwort Frage 92:

Frage 93

Vervollständigen Sie folgende Tabelle (18 Punkte):

Beschäftigungsgrad	85 %	100 %	135 %
Zeit in Stunden		720	
Gesamtkosten in €		45.000	
gesamte variable Kosten in €			
gesamte fixe Kosten in €		12.500	
Gesamtkosten in €/h			
variable Kosten in €/h			
Fixe Kosten in €/h			

Erläutern Sie das Ergebnis im Fixkostenbereich im Verhältnis zu den Beschäftigungsgraden (4 Punkte).

Antwort:

Frage 94

Beschreiben Sie je drei Vor- und Nachteile von hohen Lagerbeständen (6 Punkte).

Antwort:

Frage 95

Erläutern Sie die fünf Merkmale nach denen die Aufgabenanalyse gegliedert wird (10 Punkte).

Antwort:

Frage 96

Für die Produktion von 70 Teilen eines Produkts stehen zwei Möglichkeiten zur Verfügung.

	Maschine A	Maschine B
Rüstzeit	120 Min. pro Auftrag	250 Min. pro Auftrag
Zeit je Einheit	14 Min. pro Stück	5 Min. pro Stück
Programmierzeit	-	50 Min.
Fertigungslohn	17,50 €/Std.	18,70 €/Std.
Maschinenstundensatz	24,00 €/Std.	46,00 €/Std.

a. Berechnen Sie die kritische Produktionsmenge (12 Punkte).

b. Ermitteln Sie die Kostenersparnis beim günstigeren Verfahren (5 Punkte).

Antwort:

Frage 97

Aus der Bedarfsermittlung sind folgende Zahlen bekannt:

Jahresbedarf:	40.000 Stück
Lagerkosten und Kapitalverzinsung:	15 % des durchschnittlichen Lagerwertes
Kosten je Bestellung:	80 €
Stückpreis:	5 €
Lagerkapazität:	20.000 Stück

Ermitteln Sie die optimale Bestellmenge (4 Punkte).

Antwort:

Frage 98

In Ihrem Unternehmen werden von einem Teil 120.600 Stück pro Jahr bezogen.

Die Verpackungseinheit beträgt:	300 Stück
Lieferzeit:	6 Tage
interne Prüfzeit:	1 Tag
Sicherheitsbestand:	7.000 Stück
Kosten pro Bestellung:	120,00 €
Lagerkosten und Zinsen:	20 %
Kosten pro Stück:	4,00 €

Bestimmen Sie
a. den Meldebestand (2 Punkte)
b. die optimale Bestellmenge (4 Punkte)
c. den durchschnittlichen Lagerbestand (3 Punkte)
d. den Bestellrhythmus (3 Punkte)

Antwort:

Frage 99

Folgende Kosten fallen bei der Produktion von einer USB-HDD Festplatte an:

Fertigungsmaterial:	27,60 €/Stück
Fertigungslohn:	45,20 €/Stück
Fixe Kosten:	4.300,00 €/Tag
Umsatzerlös:	99,00 €/Stück

Berechnen Sie
a. den Deckungsbeitrag für das Erzeugnis (4 Punkte).
b. die Gewinnschwellenmenge (Break-Even-Point) (3 Punkte).

Antwort:

Frage 100

Nennen Sie vier Unsicherheiten, die mit dem Sicherheitsbestand abgedeckt werden können (4 Punkte).

Antwort:

Frage 101

Erläutern Sie folgende Begriffe der Materialbedarfsbestimmung (10 Punkte):

- Primärbedarf
- Sekundärbedarf
- Tertiärbedarf
- Bruttobedarf
- Nettobedarf

Antwort:

Frage 102

Für die Erstellung von 2.000 Drehteilen bekommt ein Dreher eine Vorgabezeit von 2.400 Minuten bei einem Grundentgelt von 23 € pro Stunde und einem Akkordzuschlag von 10 %. Er erledigt seine Arbeit in 32 Stunden.

a) Berechnen Sie den tatsächlichen Stundenverdienst des Drehers (4 Punkte).
b) Bestimmen Sie den erreichten Zeitgrad (2 Punkte).
c) Ermitteln Sie die Lohnkosten pro Stück (2 Punkte).

Antwort:

Frage 103

Erstellen Sie ein Balkendiagramm/Ganttdiagramm für das folgende Projekt (4 Punkte). Ermitteln Sie die Gesamtdauer (2 Punkte).

Vorgang	Vorgänger	Nachfolger	Dauer
A – Vorbereiten	–	B, C	2 Std.
B – Gerüst	A	D	5 Std.
C – Kabelproduktion	A	E	6 Std.
D – Schleifen	B	E	8 Std.
E – Verbinden	D,C	F	3 Std.
F – Verpacken	E	G	2 Std.
G – Beladen	F	–	1 Std.

Antwort 103:

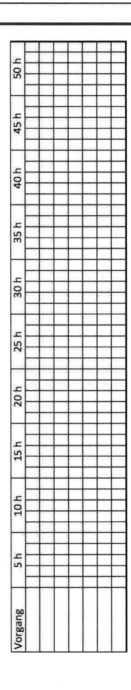

Frage 104

Maschinen:	351,500,00 €
Hypothekendarlehen:	125.000,00 €
Bankschulden:	212.000,00 €
Grundstück 1:	38.000,00 €
Grundstück 2:	350.000,00 €
Geschäftsausstattung:	23.500,00 €
Fahrzeuge:	80.000,00 €
Fertige Erzeugnisse:	290.200,00 €
Lieferantenschulden:	28.100,00 €
Bankguthaben:	2.900,00 €
Kasse:	14.200,00 €

a. Erstellen Sie nach folgenden Angaben die Bilanz für die Gießerei T. B. GmbH zum 31.12. (12 Punkte).

b. Wie beurteilen Sie das Unternehmen (2 Punkte)?

Antwort:

Frage 105

Darlehen:	251.500 00 €
Rohstoffe:	125.000,00 €
Fertigungsprodukte:	312.000,00 €
Forderungen:	38.000,00 €
Kasse:	350.000,00 €
Bebaute Grundstücke:	23.500,00 €
Betriebs- und Geschäftsausstattung:	80.000,00 €
Bank:	290.200,00 €
Sonstige Verbindlichkeiten:	28.100,00 €
Fertigungsanlagen:	2.900,00 €

Erstellen Sie die Bilanz zum Jahresende und ermitteln Sie Anlagevermögen, Umlaufvermögen und Eigenkapital (10 Punkte).

Antwort:

Frage 106

Die Buchführung hat unter anderem die Aufgabe, Bilanzveränderungen zu dokumentieren.

Man unterscheidet vier Möglichkeiten der Bilanzveränderung:
- Aktivtausch
- Passivtausch
- Aktiv-Passiv-Mehrung
- Aktiv-Passiv-Minderung

Geben Sie zu folgenden Beispielen an, welche Posten betroffen sind und in welche Richtung sie sich ändern.

a. Kauf einer Maschine und Bezahlung per Banküberweisung (2 Punkte)
b. Kauf von Rohstoffen auf Zahlungsziel (2 Punkte)
c. Bareinzahlung auf das Bankkonto (2 Punkte)
d. Überweisung einer bereits gebuchten Lieferantenrechnung (2 Punkte)
e. Barverkauf einer gebrauchten Maschine (2 Punkte)

Antwort:

Frage 107

Erstellen Sie aus folgender Struktur eine Mengenstückliste (nur Einzelteile – E)

P = Produkt
B = Bauteile
E = Einzelteile

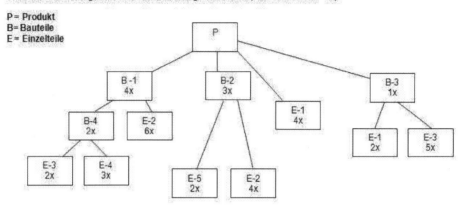

(10 Punkte)

Antwort:

Frage 108

Zu Ihrem Unternehmen liegen für die Periode folgende Daten vor:

Umsatz: 3.800.000,00 €
Kapitaleinsatz: 2.500.000,00 €
Gewinn: 140.000,00 €

Ermitteln Sie Kapitalumschlag, Umsatzrentabilität und Kapitalrentabilität (6 Punkte).

Antwort:

Frage 109

Die Vollkostenrechnung eines Unternehmens, das drei verschiedene Produkte herstellt, liefert folgende Zahlen für die aktuelle Periode:

Selbstkosten- und Ergebnisrechnung als Vollkostenrechnung	Erzeugnis A	Erzeugnis B	Erzeugnis C	Kostenträger insgesamt
Fertigungsmaterial	60.000 €	50.000 €	50.000 €	160.000 €
+ 10 % Material-GK	6.000 €	5.000 €	5.000 €	16.000 €
Materialkosten	66.000 €	55.000 €	55.000 €	176.000 €
Fertigungslöhne	100.000 €	40.000 €	48.000 €	188.000 €
+ 110% Fertigungs-GK	110.000 €	44.000 €	52.800 €	206.800 €
Fertigungskosten	210.000 €	84.000 €	100.800 €	394.800 €
Herstellkosten	276.000 €	139.000 €	155.800 €	575.800 €
+ 20% Verwaltungs- und Vertriebskosten	55.200 €	27.800 €	31.160 €	114.160 €
Selbstkosten	337.200 €	166.800 €	186.960 €	690.960 €
Verkaufserlöse	377.200 €	192.800 €	176.960 €	746.960 €
Betriebsergebnis	40.000 €	26.000 €	-10.000 €	56.000 €

Das Produkt C liefert ein negatives Betriebsergebnis. Der erste Gedanke ist, die Produktion einzustellen. Ermitteln Sie, ob die Produktion eingestellt werden soll (15 Punkte).

Antwort:

Frage 110

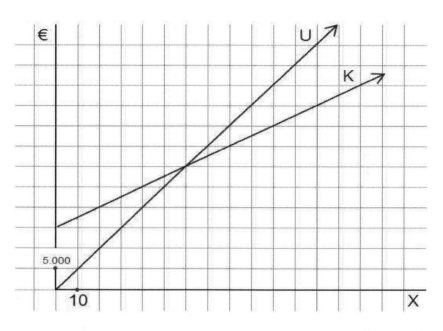

a. Ermitteln Sie die Fixkosten, Stückpreis und variable Stückkosten in der Grafik (4 Punkte).

b. Ermitteln Sie die Gewinnschwellmenge und Break Even-Umsatz in der Grafik (4 Punkte).

c. Errechnen Sie die Gesamtkosten und Betriebsergebnis für 310 Stück (4 Punkte).

Antwort:

7   Probeprüfung

Zeitvorgabe: 90 Minuten
Hilfsmittel: Formelsammlung, Stifte

Frage P1

Als Meister sind Sie in Ihrem Unternehmen in der Leitung der Arbeitsvorbereitung tätig. Sie haben einen umfangreichen Maschinenpark.

a. Erläutern Sie aus Betriebswirtschaftlicher Sicht, warum eine hohe Auslastung der Betriebsmittel angestrebt wird (5 Punkte).

b. Stellen Sie fünf Möglichkeiten dar, wie Sie Störungen und Unterbrechungen in der Nutzung der Betriebsmittel minimieren können (5 Punkte).

(10 Punkte)

Antwort:

Frage P2

Ihnen liegen für die Fertigungsplanung folgende Daten für einen bestimmten Monat vor.

Produkt	Menge / Periode	Losgröße	Rüstzeit / Los	Zeit je Einheit
A	3.600 ME	600 ME	200 min	30 min
B	2.500 ME	500 ME	120 min	68 min
C	2.000 ME	250 ME	75 min	34 min
D	2.000 ME	200 ME	70 min	14 min

Der Monat hat 20 Arbeitstage, tägliche Arbeitszeit 8 Stunden, Urlaub 13 %, Krankheit 4,5 %.

a. Wie hoch ist der Kapazitätsbedarf und wie viele Mitarbeiter werden dazu benötigt (14 Punkte)?
b. Wie hoch ist der Personalbedarf, wenn Sie mit einem Zeitgrad von 120 % und Störzeiten von 4 % rechnen (4 Punkte)?

(gesamt: 18 Punkte)

Antwort:

Frage P3

Erklären Sie jeweils zwei Aufgaben der Bereiche
- internes Rechnungswesen (KLR) und
- externes Rechnungswesen (Buchführung)

(8 Punkte)

Antwort:

Frage P4

Es stehen Ihnen folgende Verbrauchsdaten vor:

Verbrauch pro Jahr:	50.000 kg/Jahr
Arbeitszeit:	50 Wochen pro Jahr
Sicherheitsbestand:	Material für 1 Woche
Lieferzeit:	2 Wochen
Preis	6,50 €/kg
Bestellkosten:	60,00 €/Bestellung
Lager & Zinskosten:	14 %

a. Ermitteln Sie den Meldebestand (3 Punkte).
b. Ermitteln Sie die optimale Bestellmenge (4 Punkte).
c. Nach welcher Zeit muss wieder bestellt werden (6 Punkte)?
d. Ermitteln Sie die Umschlagshäufigkeit (5 Punkte).

(gesamt: 18 Punkte)

Antwort:

Frage P5

Ein Unternehmen stellt ein Produkt in vier verschiedene Sorten her. Die Sorten unterscheiden sich nur in ihrem Materialeinsatz. Insgesamt werden 42.000 Stück hergestellt. Die Gesamtkosten betragen 540.000,00 €.

Folgende Werte sind bekannt:

Sorten
A	12.000 Stück	1,50 kg/St.
B	8.000 Stück	3,75 kg/St.
C	14.000 Stück	4,50 kg/St.
D	………. Stück	3,00 kg/St.

Ermitteln Sie Gesamtkosten und Stückkosten für jede Sorte.

(16 Punkte)

Antwort:

Frage P6

Die Rechtsform der GmbH ist weit verbreitet.

a. Wie sind folgende Bereiche gesetzlich geregelt?
   - Mindestgründungskapital (1 Punkt)
   - Befugnis zur Geschäftsführung (1 Punkt)
   - Vertretungsrecht nach außen (1 Punkt)
   - Gewinnverteilung (1 Punkt)
   - Haftung der Gesellschaft (1 Punkt)
   - Haftung der Gesellschafter (1 Punkt)
b. Wann muss eine GmbH einen Aufsichtsrat bilden? (2 Punkte)
c. Was ist der wesentliche Vorteil der Umwandlung einer KG zu einer GmbH & Co. KG? (4 Punkte)

(gesamt: 12 Punkte)

Antwort:

Frage P7

Aus dem BAB erhalten Sie folgende Werte in der Tabelle:

Kostenstelle	Fertigung A	Fertigung B	Material	Verwaltung & Vertrieb
Gemeinkosten	1.921.875,00	1.763.712,00	4.266.500,00	4.972.857,66
Fertigungsmaterial			18.550.000,00	
Fertigungslohn	512.500,00	612.400,00		

Alle Werte in Euro

Sondereinzelkosten des Vertriebs 650.000,00 €

Ermitteln Sie alle Gemeinkostenzuschlagssätze (10 Punkte).

Antwort:

Frage P8

Outsourcing ist ein wichtiges Thema, das regelmäßig durch Unternehmen in Betracht gezogen wird.

Erläutern Sie je zwei Gründe die für bzw. gegen Outsourcing sprechen (8 Punkte).

Antwort:

8 Lösungen zu allen Fragen und Probeprüfungen

8.1 Antworten zu den einzelnen Themenbereichen

Lösung zu Frage 1

Gegenstand der REFA-Lehre ist die Betriebsorganisation, zu der die Planung, Gestaltung und Steuerung des betrieblichen Geschehens sowie die Ermittlung der dafür benötigten Daten gerechnet werden.

Lösung zu Frage 2

Unter Betrieb wird eine örtliche, organisatorische und technische Einheit von Menschen, Gebäuden, Anlagen, Einrichtungen und sonstigen Arbeitsmitteln verstanden, die zum Zwecke der Erstellung von Gütern und Dienstleistungen auf Dauer gebildet wurde.

Lösung zu Frage 3

Wenn wirtschaftlich-rechtlich organisierte Gebilde – in der Regel Betriebe – mit dem Ziel geführt werden, Gewinne zu erzielen, werden sie Unternehmen/ Unternehmungen genannt.

Lösung zu Frage 4

- GbR – Gesellschaft bürgerlichen Rechts
- OHG – Offene Handelsgesellschaft
- KG – Kommanditgesellschaft
- PartG – Partnergesellschaft

Lösung zu Frage 5

Jeder Gesellschafter erhält einen Gewinnanteil in Höhe von 4 Prozent seines Kapitalanteils. Der 4 Prozent der Kapitalanteile übersteigende Gewinn wird nach Köpfen verteilt. Verluste werden ebenfalls nach Köpfen verteilt (§ 121 HGB).

Alle Gesellschafter haften vollumfänglich und gesamtschuldnerisch.

In der OHG ist es möglich, von den gesetzlichen Vorgaben abweichende Vereinbarungen zu treffen. So auch bei vielen anderen Gesellschaften.

Lösung zu Frage 6

Gesamtschuldnerische Haftung bedeutet, dass aus einer Gemeinschaft (z. B. Personengesellschaften), jeder einzelne nach außen für die gesamte Schuld einzustehen hat. Im Innenverhältnis kann dann die Verteilung geregelt werden.

Lösung zu Frage 7

Der Komplementär hat die Geschäftsführung in einer KG inne. Er hat alle daraus resultierenden Aufgaben und Pflichten. Bei grundlegenden Entscheidungen muss die Zustimmung der Kommanditisten (vergl. stille Teilhaber) eingeholt werden.

Lösung zu Frage 8

a. In Deutschland gibt es die Gesellschaftsform der „Unternehmergesellschaft mit beschränkter Haftung". Sie wird kurz UG genannt.

b. Für die Gründung wird ein symbolisches Mindeststammkapital in Höhe von 1,00 € benötigt. Zusätzlich fallen Gründungskosten (Notar, Eintragung etc.) an.

Lösung zu Frage 9

Das Mindeststammkapital einer GmbH beträgt 25.000,00 €.

Lösung zu Frage 10

Kapitalgesellschaften sind juristische Personen mit allen Rechten und Pflichten.

Sie benötigen sogenannte **Organe**, um zu handeln. Bei den Organen handelt es sich um Positionen mit bestimmten Aufgaben, Befugnissen und Pflichten, welche durch natürliche Personen besetzt werden.

Wenn beispielsweise eine GmbH in einem Zivilprozess verklagt wird, wird sie durch den Geschäftsführer (und im Auftrag dessen durch die Rechtsanwälte) vertreten.

Lösung zu Frage 11

Juristische Personen sind rechtsfähige Vereine, Gemeinschaften, Gesellschaften. D. h. sie können klagen oder verklagt werden. Sie sind keine natürliche Personen (Menschen), sondern werden durch natürliche Personen vertreten.

Lösung zu Frage 12

Vorstand
Die Aufgaben umfassen die Geschäftsführung und Vertretung in eigener Verantwortung. Der Vorstand hat eine Berichtspflicht und muss daher dem Aufsichtsrat über folgende Punkte berichten:
- über den Gang der Geschäfte (mindestens vierteljährlich)
- über Eigenkapitalrentabilität, Geschäftspolitik und andere Grundsatzfragen (jährlich)

Weitere Aufgaben sind die Buchführung, die Aufstellung und Veröffentlichung des Jahresberichts und die Einberufung der Hauptversammlung.

Aufsichtsrat
Der Aufsichtsrat ist das Kontrollorgan der AG. Er bestellt den Vorstand und überwacht diesen.

Er kann bestimmte Geschäfte, die in der Regel vom Tagesgeschäft abweichen oder grundsätzliche Fragen wie Grundstücksverkäufe, von seiner Zustimmung abhängig machen.

Wenn es notwendig ist, kann auch der Aufsichtsrat eine Hauptversammlung einberufen.

Er vertritt die AG in Rechtstreitigkeiten gegenüber dem Vorstand.

Hauptversammlung
Sie können durch ihr Stimmrecht an der AG mitwirken. Es wird über folgende Fragen abgestimmt:
- Wahl der Aufsichtsratsmitglieder (siehe oben, Aufsichtsrat)
- Abstimmung über die vom Vorstand vorgeschlagene Verwendung des Gewinns (z. B. Dividendenausschüttung)
- Bestellung des Abschlussprüfers
- Grundsatzfragen wie Änderungen in der Satzung, Kapitalerhöhung usw.

Lösung zu Frage 13

- Konsortium
- Kartell
- Konzern
- Fusion – z. B. Trust
- Interessengemeinschaft

Lösung zu Frage 14

- Preiskartell (einheitliche Preise, Preisabsprachen)
- Quotenkartelle (Festlegung der maximalen Produktion oder Absatz)
- Gebietskartelle (Aufteilung der Absatzgebiete)
- Syndikat (gemeinsames Verkaufsbüro, z. B. eine Handelsgesellschaft für den Absatz der Waren von mehreren Unternehmen)

Lösung zu Frage 15

Vorteil
Große Unternehmen und Industrieländer sehen in der Globalisierung Chancen, weltweit Zugriff auf günstige Ressourcen zu erhalten und neue Absatzmärkte zu erschließen.

Nachteil
Ausbeutung insbesondere der Entwicklungsländer durch starke Länder oder durch die internationalen Großkonzerne.

Lösung zu Frage 16

Kernfunktionen sind Beschaffung, Produktion, Absatz.

Lösung zu Frage 17

1. **Zielsetzung** – Sogenannte monetäre Ziele (Gewinn- und Umsatzmaximierung, Kostenminimierung, Rentabilität) und nicht-monetäre Ziele (Arbeitsplatzschaffung und -erhaltung, Umweltfreundlichkeit, Marktanteile, Machtgewinnung usw.).
2. **Planung** – Die richtige Planung ist unabdingbar für Qualität und Erfolg in allen Funktionen.
3. **Organisation** – Aufgaben erteilen, Befugnisse übertragen, Zusammenarbeit regeln.
4. **Kontrolle** – Überprüfen ob und inwieweit die Ziele erreicht wurden. Bei Abweichungen müssen Gründe erforscht und Korrekturen vorgenommen werden.

Lösung zu Frage 18

- Arbeit
- Betriebsmittel
- Werkstoffe

Lösung zu Frage 19

- Der Arbeitende - Leistungsfähigkeit, Leistungsbereitschaft
- Der Arbeitsplatz
- Das Umfeld

Lösung zu Frage 20

Rohstoffe – Material, das als wesentlicher Bestandteil in das Produkt einfließt.

Hilfsstoffe – Bestandteile, die in kleineren Mengen in das Produkt einfließen. Wie der Name schon sagt, werden diese als Hilfsmaterial verwendet, z. B. Schweißdraht, Leim, Klebestoff usw.

Lösung zu Frage 21

Weiterverwendung – Die Werkstoffe oder deren Nebenprodukte werden für einen anderen Zweck weitergenutzt, z. B. Abwärme bei Stromerzeugung wird zum Heizen verwendet.

Lösung zu Frage 22

Aufbauorganisation plant und regelt die Zuständigkeiten, Kommunikationswege, die Beziehungen zwischen den Stellen, sowie die Hierarchie innerhalb eines Unternehmens oder einer Behörde.

Lösung zu Frage 23

Vorteile
- Straffe und übersichtliche Organisation
- Eindeutige Dienstwege und Kompetenzbereiche
- Gute Kontrollmöglichkeiten für Vorgesetzte
- Einfache Zuordnung von Verantwortung

Nachteile
- Zum Teil (zu) lange Dienstwege. Das kann Zeitverlust oder Verwässerung der Anweisungen, Informationen und Beschwerden führen.
- Starke Belastung von Vorgesetzten, die alle Informationen der untergeordneten Stellen verarbeiten müssen.
- Gefahr der Überorganisation, keine Flexibilität.
- Motivationsverlust bei untergeordneten Mitarbeitern.

Lösung zu Frage 24

Es handelt sich um ein Stabliniensystem.

Lösung zu Frage 25

Stabliniensysteme sind auch Einliniensysteme mit dem Unterschied, dass bei einzelnen Stellen zusätzlich zu den untergeordneten auch noch horizontal verbundene Stellen hinzukommen können. Diese Stellen nennt man "Stab". Sie haben keine Stellung in der Hierarchie, sondern versorgen die Stelle, der sie zugeordnet sind, mit Informationen und beraten diese. Sie haben keine Weisungsbefugnis.

Lösung zu Frage 26

- Welche Aufgaben/Funktionen werden ausgeübt?
- Welche Befugnisse besitzt die Stelle, welche nicht?
- Wofür wird die Stelle zur Verantwortung gezogen?
- Von wem erhält die Stelle Anweisungen und welcher/n Stelle-/n muss sie berichten?
- Welche sonstigen Beziehungen bestehen zu anderen Stellen?

Lösung zu Frage 27

- **Aufgabenanalyse** – Ausgehend von den Unternehmenszielen wird analysiert und herausgefunden, welche Tätigkeiten überhaupt benötigt werden. Diese werden gegebenenfalls in Teilaufgaben zerlegt.
- **Aufgabensynthese** – Die Aufgaben werden je nach Charakter, zeitlicher oder örtlicher Möglichkeiten sinnvoll zusammengeführt. Es werden Stellen gebildet.
- **Stellenplanung** – Diese Stellen werden ohne konkrete Personen geplant und organisiert. Wenn dann bestimmte Mitarbeiter in die Planung eingesetzt werden, spricht man von einem Stellenbesetzungsplan.

Lösung zu Frage 28

Eine Instanz trifft Entscheidungen und ist weisungsbefugt. Eine Stelle führt Anweisungen und Aufgaben aus.

Lösung zu Frage 29

Wichtige Kriterien für eine Entscheidung sind:

- Nachfrage oder auch von Konsumenten noch nicht entdeckte Bedürfnisse
- Umsatz- und Gewinnerwartungen
- Abwägung der eigenen Marktchancen im Vergleich zum Konkurrenten
- Soll das neue Produkt die vorhandenen Produkte ergänzen oder ersetzen?
- Kosten und Investitionen für das neue Produkt

Lösung zu Frage 30

Im Ablaufplan wird festgelegt welche Aktivitäten in logischer Reihenfolge nacheinander, überlappend oder parallel durchgeführt werden müssen.

Man kennt z. B. Netzplan oder Balkendiagramm (Gantt-Diagramm).

Lösung zu Frage 31

Auftragszeit
Damit ist die Vorgabezeit für das Ausführen eines Auftrages (Rüsten und Ausführen) durch den Menschen gemeint. Sie setzt sich zusammen aus:

- **Rüstzeit** – Vorgabezeit für das Rüsten. Setzt sich wiederum zusammen aus Rüstgrundzeit, Rüsterholungszeit, Rüstverteilzeit.
- **Ausführungszeit** – Vorgabezeit für das tatsächliche Ausführen eines Auftrages. Sie wird für eine Mengeneinheit vorgegeben (z. B. pro Stück) und setzt sich zusammen aus Grundzeit, Erholungszeit und Verteilzeit.

Belegungszeit
Die Belegungszeit ist ähnlich wie Auftragszeit, bezieht sich jedoch nur auf die Betriebsmittel. Sie ist die Zeit für die Belegung eines Betriebsmittels. Sie besteht auch aus Rüst- und Ausführungszeit.

- **Betriebsmittelrüstzeit** – Die Zeit für das Rüsten des Betriebsmittels (Programmierung, Bestücken mit Hilfsstoffen usw.)
- **Betriebsmittelausführungszeit** – Vorgabezeit für die Ausführung eines Auftrags durch die Betriebsmittel. Sie wird auf eine Mengeneinheit bezogen. Sie verteilt sich wiederum in Grund- und Verteilzeit.

Lösung zu Frage 32

Top-Down
Organisatorische Veränderungen werden von oben nach unten durch die hierarchischen Ebenen weitergegeben. Sie lässt sich schnell und einfach umsetzen. Sie lässt aber den untergeordneten Stellen keinen Spielraum für Gestaltung.

Bottom-Up
Veränderungen werden an der Basis entwickelt und umgesetzt. Sie werden schrittweise nach oben weitergegeben. Die Ebenen fühlen sich besser integriert und dies steigert das Identitätsgefühl und die Motivation. Die Umsetzung dauert jedoch länger.

Lösung zu Frage 33

Nennwert ist der Anteil der Aktie am Grundkapital. Sie wird bei der Ausgabe der Aktien von der AG festgelegt.

Kurswert ist der aktuell gehandelte Wert der Aktie auf dem Markt.

Lösung zu Frage 34

Die Fertigungsplanung umfasst die "Arbeitsablaufplanung" und "Arbeitssystemplanung". Unter **Arbeitsablaufplanung** versteht man die Planung der Abläufe bzw. für die Arbeit notwenigen Verfahren, Arbeitsgänge, Lohngruppen, die Terminplanung usw.

Arbeitssystemplanung ist die Planung der Komponenten des Arbeitssystems:
- Personal
- Betriebsmittel
- Material

Lösung zu Frage 35

Job-Enlargement
Hier werden die Aufgaben quantitativ erweitert, man erhält also zusätzlich weitere Aufgaben. Gleichartige Teilaufgaben werden zusammengefasst.

Job-Enrichment
Hier erhält der Mitarbeiter anspruchsvollere Aufgaben. Teilaufgaben mit unterschiedlichen Ansprüchen werden zusammengefasst.

Lösung zu Frage 36

- Arbeitsaufgabe
- Arbeitsablauf
- Mensch
- Betriebsmittel
- Eingabe (Material, Information usw.)
- Ausgabe (Produkt)
- Umwelteinflüsse

Lösung zu Frage 37

Arbeitsteilung ist die Teilung einer Arbeit nach Menge und Art auf verschiedene Menschen bzw. Betriebsmittel.

Mengenteilung ist die Teilung der Menge auf verschiedene Menschen bzw. Betriebsmittel, wobei die Art (die Aufgabe selbst) gleichbleibt.

Artteilung ist die Verteilung der Teilaufgaben auf verschiedene Menschen bzw. Betriebsmittel für die gesamte Menge (Menge wird nicht geteilt).

Lösung zu Frage 38

KAIZEN bedeutet frei übersetzt ständige Verbesserung (Wandel zum Besseren). Sie ist die Grundlage des KVP in der westlichen Wirtschaftswelt.

Das Ziel ist die ständige Optimierung von hauptsächlich
- Qualität
- Produktivität
- Arbeitsabläufen (Mechanisierung, Automatisierung, Vereinfachung)
- Kundenzufriedenheit
- Kostensenkung

Lösung zu Frage 39

- Hohe Kosten für die Verlagerung.
- Diese grundlegende Entscheidung kann sehr schwer wieder rückgängig gemacht werden.
- Evtl. Imageschaden im Inland, da hier Arbeitsplätze verloren gehen.
- Kulturelle und sprachliche Anpassung.
- Unternehmensziele und Unternehmensphilosophie können mit den Wertevorstellungen der neuen Kultur kollidieren
- Normunterschiede erfordern evtl. grundlegende Veränderungen im Produktionsprozess, Materialeinsatz usw.

Lösung zu Frage 40

Die ABC-Analyse ist eine Methode zur Gewichtung von Objekten. Sie kann bei Produkten, Projekten, Abläufen, Aufgaben etc. angewandt werden. Hier werden Objekte in drei Kategorien A, B und C mit absteigendem Wert unterteilt. Maßgeblich ist die Wertigkeit des Objekts für das Unternehmen.

Sie vereinfacht diverse Entscheidungen im Unternehmen wie:
- das „Wesentliche" vom „Unwesentlichen" zu trennen
- Rationalisierungsschwerpunkte zu setzen
- unwirtschaftliche Anstrengungen zu vermeiden
- die Wirtschaftlichkeit zu steigern

Es ist zwar nicht festgeschrieben, aber als Orientierung kann man folgende Prozentzahlen für die drei Klassen aufführen: A 80 %, B 15 %, C 5 %.

Lösung zu Frage 41

Ergonomische Arbeitsplatzgestaltung ist die gegenseitige Anpassung des Menschen und des Arbeitsplatzes, um gesundheitsschädliche Auswirkungen auf den Menschen zu vermeiden und gleichzeitig die Qualität und Produktivität der Arbeit zu steigern. Es geht im Wesentlichen um die Gestaltung des Arbeitsplatzes und der Arbeitsmittel.

Anthropometrie ist die Lehre, die sich mit den menschlichen Körpermaßen beschäftigt. Im Kontext steht die Anpassung des Arbeitsplatzes (z. B. Bürotisch, Stühle) und der Arbeitsmittel (z. B. PC, Monitor) an die menschlichen Körpermaße im Mittelpunkt.

Lösung zu Frage 42

- Werkstattfertigung
- Gruppenfertigung
- Reihenfertigung – Sie wird auch Straßenfertigung oder Linienfertigung genannt.
- Fließfertigung
- Inselfertigung
- Flexible Fertigung
- Die fraktale Fabrik – Dies ist eine Mischung aus Gruppenfertigung und flexibler Fertigung, um die jeweiligen Vorteile zu kombinieren.

Lösung zu Frage 43

Leistungsgrad ist eine Kennzahl, die das Verhältnis zwischen der zuvor festgelegten Normalleistung und der tatsächlichen Leistung eines Mitarbeiters wiedergibt. Es werden für eine gewisse Zeit bestimmte Mengen festgelegt. Verarbeitet der Mitarbeiter mehr Stücke in der vorgegebenen Zeit, liegt der Leistungsgrad höher als 100 %.

Lösung zu Frage 44

Erholungszeit ist ein Unterbrechen der Tätigkeit, um damit die infolge der Tätigkeit auftretende Arbeitsermüdung abzubauen.

Lösung zu Frage 45

Rohstoffe – Material, das als wesentlicher Bestandteil in das Produkt einfließt.

Hilfsstoffe – Bestandteile, die in kleineren Mengen in das Produkt einfließen. Wie der Name schon sagt, werden diese als Hilfsmaterial verwendet, z. B. Schweißdraht, Leim, Klebestoff usw.

Betriebsstoffe – Sind im Produkt nicht enthalten, werden jedoch für die Produktion benötigt, beispielsweise Energieträger wie Gas, Benzin oder Antriebsstoffe, Reinigungs- und Schmiermittel etc.

Lösung zu Frage 46

Unter der summarischen Arbeitsbewertung werden Methoden zur anforderungsabhängigen Entgeltdifferenzierung verstanden, bei denen die Anforderungen des Arbeitssystems an den Menschen als Ganzes erfasst werden. Das Ergebnis wird meist als Lohngruppe für gewerbliche Arbeitnehmer oder Gehaltsgruppe für Angestellte ausgewiesen.

Lösung zu Frage 47

Unter analytischer Arbeitsplatzbewertung werden Methoden zur anforderungsabhängigen Entgeltdifferenzierung verstanden, bei denen die Anforderungen des Arbeitssystems an den Menschen mit Hilfe von Anforderungsarten ermittelt werden.

Lösung zu Frage 48

- Akkordlohn
- Prämienlohn
- Zeitlohn mit Leistungszulage

Lösung zu Frage 49

- Fertigungsmaterialkosten
- Lohn- und Gehaltskosten
- Abschreibungs- und Zinskosten
- Instandhaltungskosten

Lösung zu Frage 50

Gemeinkosten sind Kosten, die nicht direkt einem Kostenträger oder einer Kostenstelle (z. B. einem Produkt) zugeordnet werden können. Sie fallen nicht unmittelbar in der Produktion an. Sie werden nach einem Schlüssel verteilt.

Zum Beispiel kann Miete auf einzelne Kostenstellen/Abteilungen jeweils nach der beanspruchten Raumgröße verteilt werden.

Lösung zu Frage 51

Variable Kosten sind Kosten, die in einer bestimmten Periode in der Produktion oder Fertigung, abhängig von der Beschäftigung (Produktionsmenge, Produktionsstunden), anfallen. Materialeinzelkosten, Lohnkosten sind typische variable Kosten.

Fixkosten fallen unabhängig von der Menge an und sind für die Periode gleichbleibend – z. B. Anschaffungskosten, Abschreibungen, Miete.

Lösung zu Frage 52

Die Fertigungsgemeinkosten fallen bei maschinenintensiver Produktion in der Regel sehr hoch aus. So entstehen in der Relation zu den Fertigungskosten meist sehr hohe Fertigungsgemeinkostenzuschläge, welche bei kleinsten Abweichungen zu sehr großen Kalkulationsdifferenzen führen können. Um dies zu vermeiden, werden die Fertigungsgemeinkosten, die direkt einer Maschine zuzuordnen sind, als Maschinenstundensatz berechnet.

Der Maschinenstundensatz wird angewandt, um die maschinenabhängigen Kosten von den übrigen Fertigungsgemeinkosten zu trennen. So können in einer Kostenstelle oder für ein Produkt die Kosten genauer auf der Grundlage der Inanspruchnahme der Maschine ermittelt werden.

Lösung zu Frage 53

Materialeinzelkosten	MEK
+ Materialgemeinkosten	MGK

= Materialkosten	MK

Fertigungslohnkosten	FLK
+ Fertigungsgemeinkosten	FGK

= Fertigungskosten	FK
+ Sonderkosten der Fertigung	SEF

= Herstellkosten	HK
Entwicklungs- und Konstruktionskosten	EK
+ Verwaltungsgemeinkosten	VwGK
+ Vertriebsgemeinkosten	VtGK

Verwaltungs- und Vertriebsgemeinkosten	VVGK
+ Sondereinzelkosten des Vertriebs	SEV

= Selbstkosten	SK

Lösung zu Frage 54

Voraussetzungen für die Anwendung von Akkordlohn sind die

- **Akkordfähigkeit** (Der Prozess ist bereits bekannt, wiederholt sich regelmäßig und oft, läuft immer gleich ab und ist messbar)
- **Akkordreife** (Arbeitsablauf ist ausgereift und mängelfrei, der Mitarbeiter ist eingearbeitet und beherrscht die Aufgabe)

Lösung zu Frage 55

Bei der sozialen Marktwirtschaft gilt das Gesetz von Angebot und Nachfrage. Der Unterschied zur freien Marktwirtschaft ist, dass der Staat schützend und lenkend die Rahmenbedingungen für Wirtschaft regelt, um eine funktionsfähige Wettbewerbsordnung zu gewährleisten.

Sozialgesetzgebung, Lohnfortzahlung bei Krankheit, Kindergeld, Mutterschaftsurlaub, Kündigungsschutz, Arbeitslosengeld, Krankengeld, Sozialhilfe, Arbeitsförderungsmaßnahmen, Subventionen, Sondersteuern, Betriebsverfassungsgesetz, Manteltarif, Mitbestimmung, Umweltschutzgesetze, schulische Aus- und Weiterbildung, Gesundheitswesen.

Lösung zu Frage 56

Das Verhältnis des Angebots und der Nachfrage bestimmt weitestgehend den Wert (Preis).

Wenn das Angebot sinkt und die Nachfrage gleichbleibt, so steigt der Preis.
Wenn das Angebot steigt und die Nachfrage gleichbleibt, so sinkt der Preis.
Bei gleichbleibendem Angebot ist der Preis direkt proportional zur Nachfrage.

Lösung zu Frage 57

Im Englischen werden die Schritte "Plan-Do-Check-Act" genannt. Die Abkürzung **PDCA-Zyklus** bzw. **Deming-Kreis** – nach seinem Erfinder - sind die gängigen Namen für diesen Kreis.

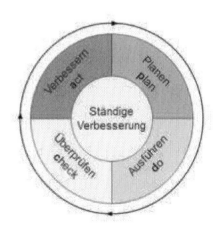

Planen – Ist-Zustand des Prüfgegenstands, Prüfverfahren, Prüfungsablauf, Ziele

Ausführen – Fehlererkennung und Beseitigung, Lösungsmöglichkeit/ Idee umsetzen,

Überprüfen – Überprüfung des Erfolgs der umgesetzten Lösungsmöglichkeiten.

Verbessern – Korrekturen im Nachgang, mögliche Defizite bei der Umsetzung der Lösung oder Fehler in den Ideen an sich verbessern

Lösung zu Frage 58

Ein Vorschlag sollte
- eine neue Idee enthalten
- eine Verbesserung des Ist-Zustandes bewirken
- unter allen Gesichtspunkten, insbesondere wirtschaftlich sinnvoll sein
- eine Verbesserung bringen, deren Umsetzung nicht irgendwann zwangsläufig eingeführt werden müsste

Lösung zu Frage 59

Kostenarten sind nach der Art des Verzehrs an Gütern und Diensten unterteilte (Gesamt-) Kosten.

Kostenstellen sind betriebliche Bereiche (Abteilung, Werkstätten, Maschinengruppen, evtl. auch einzelne Arbeitsplätze), der nach kostenrechnerischen Gesichtspunkten abgegrenzt und kostenrechnerisch selbstständig abgerechnet wird.

Kostenträger sind betriebliche Leistungen (Erzeugnisse oder Dienstleistungen bzw. die zu ihrer Erstellung erteilten Aufträge), denen die von ihnen verursachten Kosten zugerechnet werden.

Lösung zu Frage 60

a. Grundsätzlich gehen Sie bei Rechenaufgaben wie folgt vor:

Ausgehend von dem geforderten Ergebnis, finden Sie die richtige Formel.
BEP = Kf : db

Dann schauen Sie, ob alle nötigen Daten vorhanden sind. Kf ist gegeben, db ist nicht direkt angegeben, muss zuerst ermittelt werden.
db = e - kv „e" ist Erlös, VK-Preis, „kv" ist variable Kosten.

In unserem Fall:
db = 92,00 € - 42,00 € = 50,00 €/Stück

Sie gehen nochmal zurück zur Formel für BEP und setzen nun alle Daten ein.

BEP = 350.000 € : 50,00 €/Stück = 7.000 Stück

Merken Sie sich bitte: Ergebnisse, die als Einheit in Stück oder Personen ausgedrückt werden, werden i. d. R. auf ganze Zahlen gerundet.

b. 180.000,00 € Gewinn sollen zusätzlich erreicht werden. Daher kann man hier ganz einfach diese Zahl mit dem Deckungsbeitrag pro Stück in Relation setzen, um die zusätzliche Menge zu ermitteln. Dann werden die Mengen addiert.

m* = 180.000,00 € : 50,00 €/Stück = 3.600 Stück

Die Gesamtmenge setzt sich aus Gewinnschwellmenge und der Zusatzmenge zusammen:

M = 7.000 Stück + 3.600 Stück = 10.600 Stück

c. neuer Preis = 92,00 € - 20 %

Hier kann man auf verschiedene Arten rechnen. Die lange, aber sichere Methode ist:
       92,00 € * 20 % = 18,40 €
neuer Preis 92,00 € - 18,40 € = 73,60 €

Neuer kv = 42,00 € + 7 % = 44,94 €

M*$_G$ = 350.000,00 € : (73,60 € - 44,94 €) = 12.212,14 Stück ≈ 12.213 Stück

In der Regel sind Prüfungsaufgaben so konzipiert, dass ganze Zahlen herauskommen. Dennoch sollte das Aufrundungsprinzip bekannt sein.

Lösung zu Frage 61

a. T = t_r + x * t_e = 40 Min. + 50 Stück * 15 Min./Stück = <u>790 Min.</u>

Minutenfaktor = 16,50 €/Std. : 60 Min. = <u>0,275 €/Min.</u>

Verdienst = T * Mf = 790 Min. * 0,275 €/Min. = <u>217,25 €</u>

b. Verdienst = (217,25 € : 632 Min.) * 60 Min./Std. = <u>20,63 €/Std.</u>

Zeitgrad = (790 Min. : 632 Min.) * 100% = <u>125 %</u>

Lösung zu Frage 62

MEK		21.200,00 €
MGK	(7,5 %)	1.590,00 €
MK		22.790,00 €
FLK		6.350,00 €
FGK	(155 %)	9.842,50 €
SEF		1.920,00 €
FK		18.112,50 €
HK		40.902,50 €
VwGK (12 %)		4.908,30 €
VtGK (13 %)		5.317,33 €
SK		**51.128,13 €**

Lösung zu Frage 63

a. Minutenfaktor = 16,80 € : 60 = 0,28 €/Min.
   Vorgabezeit = 60 : 15 = 4,00 Min./Stück
   Stundenbruttolohn = 17 ~~Stck.~~/Std. * 0,28 €/Min. * 4 Min./~~Stück~~ = 19,04 €/Std.

   Achten Sie darauf, die Einheiten genau niederzuschreiben und auch jeweils auszustreichen. Das Ergebnis ist für Sie in der Prüfung sicherer, wenn auch die Einheiten zweifelsfrei richtig herauskommen.

b. Wochenlohn bei Normalleistung = Akkordrichtsatz * 40
   = 16,80 * 40 = 672,00 €
   tatsächlicher Wochenlohn = 806,40 €
   806,40 € / 672,00 € * 100 % = 120 %
   das sind 20 % mehr!

c. Stückgeld =
   Akkordrichtsatz : Normalleistung = 16,80 € : 15 St. = 1,12 €/Stück
   Leistung pro Stunde = 21,00 € : 1,12 €/St. = 18,75 Stück

Lösung zu Frage 64

7,5 Stunden Bruttoarbeitszeit
./. 1,0 Stunden Fehlzeit
= 6,5 Stunden Nettoarbeitszeit pro Tag (effektive Arbeitszeit)

6,5 Std. * 5 Tage = 32,5 Stunden effektive Arbeitszeit für 5 Tage.

5 Minuten geteilt durch 100 % ergibt = 0,05 Minuten.
Dieser Wert ist nun 1 Prozent von der Gesamtsumme:
0,05 Min. * 5 = 0,25 Min.= 15 Sek.

Erholungszuschlag gesamt 0,25 Min.   => t_{er} angegeben mit 5 %

0,05 Min. * 10 % = 0,5 Min. = 30 Sek.   => t_v angegeben mit 10 %

Verteilzeit 0,5 Min. oder 30 Sek.

Daraus ergibt sich die Formel:
$t_e = t_g + t_{er} + t_v$ = 5 Min. + 0,25 Min. + 0,5 Min. = 5,75 Min. = t_e

5,75 Min. * (Menge) 1.500 = 8.625 Min. + 250 Min. (Rüstzeit) = 8.875 Min. oder
147,92 Std. = 100 % Leistungsgrad

$$\frac{147{,}92 \text{ Std.} * 100}{130 \text{ \% Leistungsgrad}} = 113{,}78 \text{ Std.}$$

$$\frac{113{,}78 \text{ Std.}}{32{,}5 \text{ Mitarbeiter}} = 3{,}5 \text{ Mitarbeiter} = \textbf{4 Personen/Woche}$$

Bei Fragen nach Personen wird natürlich auf eine ganze Zahl aufgerundet!

Lösung zu Frage 65

a. $\text{AfA} = \frac{\text{W-Restwert}}{n}$ = 180.000,00 €/Jahr

$\text{Zinsen} = \frac{A * p\%}{2 * 100}$ = 42.000,00 €/Jahr

Raumkosten = 40 qm * 20 €/qm * 12 Monate = 9.600,00 €/Jahr

Energiekosten = 0,12 €/KWh * 8 KW * 2.000 Std. = 1.920,00 €/Jahr

Gesamtkosten = 233.520,00 €/Jahr

Maschinenstundensatz = MGK : f (Laufzeit) = 116,76 €/Std.

b. Da es sich bei den Kosten, außer den Energiekosten, um Fixkosten handelt, würde eine größere Laufzeit bewirken, dass die Kosten pro Stunde geringer ausfallen. Daher ist eine Höhere Auslastung der Maschine anzustreben.

Lösung zu Frage 66

a. Ist-Zeit in Std. = 3.105 Min. : 60 = 51,75 Std.
Zeitgrad = Ist-Zeit : Zeitvorgabe * 100 % = 51,75 Std. : 45 Std. * 100 % = 115 %

b. Akkordrichtsatz = Akkordgrundlohn + Akkordzuschlag
= 16,50 € + 10 %
= 16,50 € + 1,65 € = 18,15 €/Std.
Tats. Stundenlohn = Akkordrichtsatz * Zeitgrad = 18,15 € * 1,15 = 20,87 €/Std.

c. Lohnkosten/Auftrag = Akkordlohn * Ist-Zeit = 20,87 €/Std. * 45 Std. = 939,15 €
Oder = Akkordrichtsatz * Sollzeit = 18,15 €/Std. * 51,75 Std. = 939,26 €

d. Lohnkosten/Stück = Akkordrichtsatz * Sollzeit : Menge
= 18,15 €/Std. * 51,75 Std. : 1.800 Stück = 0,522 €

Lösung zu Frage 67

a. Kosten bei Vollauslastung
$K_f + (k_v * m)$ = 52.000,00 € + (44,00 €/Stück * 2.500 Stück)
= 52.000,00 € + 110.000,00 € = 162.000,00 €

Stückkosten = K : m = 162.000,00 € : 2.500 Stück = 64,80 €/Stück

64,80 €/ Stück ist auch der Preis, da durch diesen alle Kosten gedeckt werden sollen.

b. Auslastung 75 % bedeutet, dass 2.500 Stück * 75/100 Stück produziert werden.
Menge = 2.500 Stück * 0,75 = 1.875 Stück

K = Kf + Kv = Kf + (kv*m)
= 52.000,00 € + (44,00 €/Stück * 1.875 Stück) = 134.500,00 €

k = K : Menge = 134.500,00 € : 1.875 Stück = 71,73 €/Stück

c. Menge = 2.500 * 0,85 = 2.125 Stück
DB = (e - kv) * Menge = (92,00 € - 44 €) * 2.125 Stück = 102.000,00 €

BE = DB - Kf = 102.000,00 € - 52.000,00 € = 50.000,00 € (Gewinn, da positiv)

Lösung zu Frage 68

a. Personalbedarf = $\dfrac{22.000 * 1,05}{8 \text{ Std} * 60 \text{ Tage} * 0,82 \text{ (Anwesenheit)}}$ = 58,69 Ma. = **59 Mitarbeiter**

b. Kapazitätsbedarf = 22.000 * 1,05 = 23.100 Std.
   Kapazitätsbestand = 55 Ma. * 8 Std * 60 Tage * 0,82 Anw. = 21.648 Std.
   Zusatzbedarf = 23.100 - 21.648 = 1.452 Std.
   Mehrstunden pro Mitarbeiter = 1.452 Std. : 55 Ma. = 26,40 Std./Quartal

Lösung zu Frage 69

MGKZ = MGK : MEK * 100 % = 40,80 € : 48,00 € * 100 % = **85 %**
FGKZ = FGK : FL * 100 % = 83,20 € : 32,00 € * 100 % = **260 %**

An dieser Stelle müssen wir die Herstellkosten HK ausrechnen:
HK = MEK + MK + FL + FGK + SEK $_{\text{der Fertigung}}$ = 224,00 €/Stück

VwGKZ = VwGK : HK * 100 % = 15,68 € : 224,00 € * 100 % = **7 %**
VtGKZ = VtGK : HK * 100 % = 24,64 € : 224,00 € * 100 % = **11 %**

Lösung zu Frage 70

Man kann von vornherein die Arbeitsstunden in der jeweiligen Formel berücksichtigen, um die Kosten pro Stunde zu berechnen, oder wie unten alle Werte auf ein Jahr berechnen, um sie zum Schluss pro Stunde zu ermitteln.

Abschreibung (AfA) = $\frac{150.000\ €\ -\ 15.000\ €}{10\ \text{Jahre}}$ = 13.500,00 €/Jahr

Zinsen = $\frac{150.000\ €\ *\ 7\ \%/\text{Jahr}}{2}$ = 5.250,00 €/Jahr

Platzkosten = 8 €/m² * 25 m² * 12 Monate = 2.400,00 € /Jahr

Energiekosten = 0,12 €/kWh * 8 KW * 1.200 Std/Jahr = 1.152,00 €/Jahr

Instandhaltung = 150.000 € * 5% = 7.500,00 €/Std.

Maschinenkosten pro Jahr = 29.802,00 €/Jahr

Maschinenstundensatz = 29.802,00 € / 1.200 Std. = 24,84 €/Std.

Lösung zu Frage 71

Vorteil
Leistungsgerechte Entlohnung, Kostenminderung durch Vorplanung in der Fertigungssteuerung, Schwachstellen werden besser erkannt.

Nachteil
Hoher Aufwand zur Ermittlung und Pflege der Sollzeiten und bei der Lohnabrechnung, Leistungszurückhaltung, Beeinträchtigung des Arbeitsklimas, evtl. „Akkordbrecher", d. h. Mitarbeiter, die überdurchschnittlich gute Leistung erbringen, können sich bei der restlichen Belegschaft unbeliebt machen.

Lösung zu Frage 72

- Zeitaufnahme
- Vergleichen und schätzen
- Systeme vorbestimmter Zeiten (SvZ)
- Planzeiten

Lösung zu Frage 73

Hierunter versteht man im Grunde zwei Prinzipien.

Minimalprinzip
Anstreben einer **bestimmten** Leistung mit **geringsten** Mitteln.

Maximalprinzip
Anstreben einer **höchsten** Leistung mit **bestimmten** Mitteln.

Lösung zu Frage 74

Freie Güter
Sie stehen unbegrenzt zur Verfügung. Sie kommen natürlich vor, z. B. Luft, Wasser am Meer, Sand in der Wüste.

Wirtschaftliche Güter
Sie sind sogenannte „knappe Güter", sie müssen erwirtschaftet werden, z. B. Kohle, Erz, Kartoffeln u. a.

Lösung zu Frage 75

Eine Erhöhung der Geldumlaufmenge zieht eine gesteigerte Konsumgüternachfrage nach sich. Die Unternehmer passen ihre Produktion an und erhöhen die Preise. Dadurch sinkt das Realeinkommen und die Arbeitnehmer fordern mehr Lohn. Die erhöhten Lohnkosten werden über den Preis an den Konsumenten weitergegeben. Die Kaufkraft des Geldes nimmt ab.

Lösung zu Frage 76

a. Auftragszeit $T = (t_e * x) + t_r$

T = (7,2 Min./Stück * 515 Stück) + 43 Min. = 3.751 Min.= 62,52 Std.

b. Lohn = T * Stundenlohn = 62,52 Std. * 16,50 €/Std. = 1.031,58 €

c. Zeit = T : 115 % * 100% = 62,52 Std. : 115 * 100 = 54,37 Std.

Lösung zu Frage 77

Unter wirtschaftlicher Losgröße versteht man die Auftragsmenge, bei der die Summe aus Lagerkosten und auftragsfixen Kosten am geringsten ist.

Lösung zu Frage 78

Einzelkosten fallen unmittelbar bei einem Kostenträger, einer bestimmten Leistung oder einem bestimmten Auftrag an und können direkt zugeordnet werden, z. B. sind die Kosten für das benötigte Material für die Herstellung eines Produkts „Einzelkosten".

Gemeinkosten können nicht direkt zugerechnet werden, da sie für mehrere oder alle Leistungen der Kostenbereiche entstanden sind. Die Verrechnung erfolgt indirekt durch Zuschläge, z. B. werden Mietkosten nach Kostenstellen über einen Schlüssel bzw. über Zuschläge verteilt.

Lösung zu Frage 79

Fixe Kosten fallen, unabhängig von der Höhe der Mengenleistung, immer in gleicher Höhe an, z. B. Abschreibungen, Miete, Gehälter.

Variable Kosten ändern sich in Abhängigkeit von der Ausbringung. Sie sind grundsätzlich pro Einheit gleichbleibend.

Lösung zu Frage 80

MEK	15.750,00 €
MGK (52 %)	8.190,00 €
MK	23.940,00 €
FLK	28.230,00 €
FGK (215 %)	60.694,50 €
FK	88.924,50 €
HK - Fertigung	112.864,50 €
Bestandsminderung	+ 1.400,00 €
HK – Umsatz	114.264,50 €
EK (10 %) (Bezug: HK u)	11.426,45 €
VVGK (18%) (Bezug: HK u)	20.567,61 €
SK	146.258,56 €

SK pro Stück = 146.258,56 € : 1.200 Stück = 121,88 €/Stück

Lösung zu Frage 81

SK	118,00 €
+ Gewinn Risiko 15 % (von Hundert)	17,70 €
= Barverkaufspreis	135,70 €
+ Skonto 3 % (im Hundert)	4,68 €
+ Provision 10 % (im Hundert)	15,60 €
= Zielverkaufspreis	155,98 €
+ Rabatt 10 % (im Hundert)	17,33 €
Listenverkaufspreis Netto	173,31 €

173,31 € + 19 % = 206,24 € Bruttopreis

Hinweis:
Skonto 3 % + Provision 10 % (in Hundert) = 87 %

Skonto: 135,70 € * 3 % : 87 % = 4,679 € ~ 4,68 €
Provision: 135,70 € * 10 % : 87% = 15,597 € ~ 15,60 €

Rabatt 10 % (in Hundert) = 90 %
155,98 € * 10 % : 90 % = 17,33 €

Lösung zu Frage 82

a. K = Kf + Kv = 23.500,00 € + (7,50 €/Stück * 5.000 Stück) = 61.000,00 €
   k = K : Menge = 61.000 € : 5.000 Stück = 12,20 €

b. In diesem Fall werden 2 Maschinen benötigt, wobei die Fixkosten pro Maschine berücksichtigt werden müssen. Die variablen Stückkosten bleiben gleich.

   K = (Kf*2) + (kv * m) = (23.500,00 € * 2) + (7,50 €/Stück * 7.500,00 Stück)
   K = 47.000,00 € + 56.250,00 € = 103.250,00 €
   K = 103.250,00 € : 7.500,00 St. = 13,77 €

c. BE vor der Erweiterung = U - K = (15,50 € - 12,20 €) * 5.000 St. = 16.500,00 €
   BE nach der Erweiterung = (15,50 € - 13,77 €) * 7.500 St. = 12.975,00 €

d. BEP = Kf : db   wir benötigen darüber hinaus 11.000,00 € Gewinn
   m = (Kf + 11.000,00 €) : db; es muss zuerst db errechnet werden:

   db = p - kv = 15,50 €/Stück - 7,50 €/St. = 8,00 €

   Nun wieder zurück zur Formel für m:
   M = (47.000,00 € + 11.000,00 €) : 8,00€/Stück = 7.250,00 Stück

Lösung zu Frage 83

- Erhalt bestehender oder Schaffung neuer Arbeitsplätze
- Verdrängung von Wettbewerbern
- Marktstellung ausbauen
- Image/Prestige
- Attraktivität des Unternehmens für Arbeitnehmer, Kunden, Investoren erhöhen.

Lösung zu Frage 84

a. $t_e = t_g + t_v + t_{er}$ = (2,0 Min./Stück + 15 % + 5 %)
   t_e = 2,00 Min. + 0,3 Min. + 0,1 Min. = 2,4 Min.

   T = t_e * m + t_r = 2,4 Min./St. * 2.600 Stück + 210,00 Min. (-> 3,5 Std. * 60)
   T = 6.450,00 Min. = 107,50 Stunden

b. 107,50 Std. * 17,20 €/Std. = 1.849,00 €

c. 107,50 Std. * 100% / 120%   = 89,58 Std.

d. 1849,00 € * 89,58 Std   = 20,64 €/Std.

Lösung zu Frage 85

Der Betriebsabrechnungsbogen (BAB) dient dazu,
- die Gemeinkosten über Umlageschlüssel auf die Kostenstellen zu verteilen (unter anderem zur Kostenkontrolle in der jeweiligen Kostenstelle) und
- die Zuschlagssätze für die Kostenträger (Produkte) zu ermitteln.

Die Zuschlagssätze werden zur Ermittlung der Herstell- bzw. Selbstkosten benötigt.

Die Zuschlagssätze sind
- Materialgemeinkostenzuschlagssatz
- Fertigungsgemeinkostenzuschlagssatz
- Verwaltungsgemeinkostenzuschlagssatz
- Vertriebsgemeinkostenzuschlagssatz

Lösung zu Frage 86

a. $\text{MGKZ} = \frac{100.032,00 \, €}{312.600,00 \, €} * 100\% = 32,00 \, \%$

$\text{FGKZ} = \frac{251.475,00 \, €}{143.700,00 \, €} * 100\% = 175,00 \, \%$

HK = MK + FK
= 100.032,00 €
+ 312.600,00 €
+ 251.475,00 €
+ 143.700,00 €
= 807.807,00 €

$\text{VwGKZ} = \frac{64.624,56 \, €}{807.807,00} * 100\% = 8 \, \%$

$\text{VtGKZ} = \frac{105.014,91 \, €}{807.807,00} * 100\% = 13 \, \%$

b.
MEK	1.950,00 €
MGK (32 %)	624,00 €
MK	2.574,00 €
FLK	265,50 €
FGK (175 %)	464,63 €
SEF	13,50 €
FK	743,63 €
HK	3.317,63 €
VwGK (8 %)	265,41 €
VtGK (13 %)	431,29 €
SK	4.014,33 €

Lösung zu Frage 87

a.

SK	100 %	4.014,33 €
Gewinn & Risiko	20 % vom Hundert	+ 802,87 €
Barverkaufspreis		= 4.817,20 €
Skonto	3 % im Hundert	+ 170,02 €
Vertreterprovision	12 % im Hundert	+ 680,08 €
Zielverkaufspreis		= 5.667,30 €
Rabatt	15 % im Hundert	+ 1.000,11 €
Listenverkaufspreis		**= 6.667,41 €**

Hinweis zu a:
Skonto 3 % + Vertreterprovision 12 % = 15 % (in Hundert / 85 %)
Skonto: 4.817,20 € * 3 % : 85 % = 170,018 € ~ 170,02 €
Vertreterprovision: 4.817,20 € * 12 % : 85 % = 680,075 € ~ 680,08 €

Rabatt 15 % (in Hundert / 85 %)
5.667,30 € * 15 % : 85 % = 1.000,111 € ~ 1.000,11 €

b. LVP = 6.350,00 €
ZVP = 6.350,00 € - 15 % = 5.397,50 €
     (6.350,00 € * 15 % : 100 % = 952,50 €)
     6.350,00 - 952,50 € = 5.397,50 €
BVP = ZVP - (12 % + 3 %) = 4.587,87 €
     (5.397,50 € * 15 % : 100 % = 809,625 € ~ 809,63 €)
     5.397,50 € - 809,63 € = 4.587,87 €

BVP = SK + Gewinn
4.587,87 € = 4.014,33 € + Gewinn
Gewinn = 4.587,87 € - 4.014,33 € = 573,54 €
Gewinn % = 573,54 € : 4.014,33 € * 100 % = 14,29 %

Lösung zu Frage 88

Kritischer Pfad ist die Kette von Vorgangsknoten, die einen Weg bilden (kritischer Weg) an dem überall der Puffer gleich „0" ist. Dies bedeutet, dass hier keine Zeitverzögerungen toleriert werden.

Dieser Pfad stellt die Gesamtdauer des Projektes dar. Eine Veränderung an diesem Pfad bewirkt die Veränderung der gesamten Dauer.

Daher ist entlang des kritischen Pfads besondere Aufmerksamkeit geboten. Insbesondere Materialbereitstellung, Personalplanung, Vermeidung von Wartezeiten, möglicher Ersatz, Notfallmaßnahmen sind hier wichtige zu berücksichtigende Aspekte, um die Zeitvorgabe des Projektes einzuhalten.

Lösung zu Frage 89

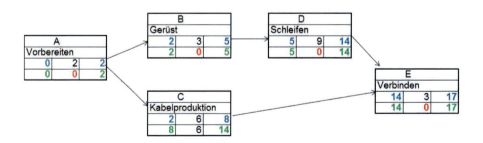

Der kritische Pfad ist der Weg, an dem überall Puffer = 0 ist.
Hier: A; B; D; E

Lösung zu Frage 90

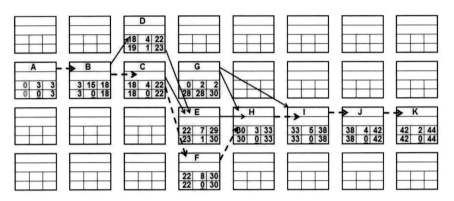

Kritischer Pfad: A; B; C; F; H; I; J; K

Lösung zu Frage 91

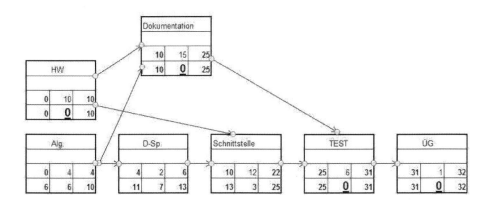

Kritischer Pfad :
HW; Doku; Test; ÜG

Lösung zu Frage 92

Kostenart	
Hilfslöhne	50.000,00 €
Gehälter	100.000,00 €
Sozialaufwand	50.000,00 €
Energiekosten	10.000,00 €

Kostenart	
Mietkosten	30.000,00 €
Kalk. Abschreibungen	50.000,00 €
Kalk. Zinsen	90.000,00 €

Alle Werte in Euro - €

	Gesamt	Material	Fertigung	Verwaltung	Vertrieb
Stromverbrauch	10.000	2.000	6.000	1.000	1.000
Raumkosten	30.000	5.000	15.000	6.000	4.000
Hilfslöhne	50.000	20.000	20.000	6.000	4.000
Gehälter	100.000	20.000	20.000	32.000	28.000
Sozialaufwand	50.000	8.000	28.000	7.600	6.400
Kalk. Abschr.	50.000	15.000	30.000	3.000	2.000
Kalk. Zinsen	90.000	27.000	18.000	36.000	9.000
Gemeinkosten Gesamt	380.000	97.000	137.000	91.600	54.400
Einzelkosten		485.000	100.000		
Herstellkosten der Fertigung					819.000
Herstellkosten des Umsatzes					839.000
Zuschlagssätze		20,00 %	137,00 %	10,92 %	6,48 %

HKu = HK + Minderbestand - Mehrbestand
= 819.000,00 € + 46.500,00 € - 26.500,00 € = 839.000,00 €

Lösung zu Frage 93

a. Hier verwendet man in der Regel überall eine Dreisatz-Rechnung.

Wenn z. B. 720 Std. 100 % entsprechen, wie viele Stunden entsprechen 85 %?

720 Std * 85 % : 100 %

Beschäftigungsgrad in %	85	100	135
Zeit in Stunden	612	720	972
Gesamtkosten in €	40.125	45.000	56.375
gesamte variable Kosten in €	27.625	32.500	43.875
gesamte fixe Kosten in €	12.500	12.500	12.500
Gesamtkosten in €/h	65,56	62,50	58,00
variable Kosten in €/h	45,14	45,14	45,14
Fixe Kosten in €/h	20,42	17,36	12,86

b. Die gesamten Fixkosten bleiben unabhängig von der Beschäftigungsdauer immer gleich. Mit steigender Beschäftigung fallen sie immer weniger ins Gewicht, d. h. sie sinken pro Stunde.

Lösung zu Frage 94

Nachteile
Große Bestände führen zu hohen Lagerkosten. Das Lagerrisiko steigt, die Güter können veralten, verderben oder verschwinden. Es wird größeres Kapital gebunden. Flexibilität wird eingeschränkt. Auf neue Anforderungen kann nicht gut reagiert werden.

Vorteile
Nutzung von Mengenrabatt
Unabhängigkeit von Preisschwankungen, bessere Kostenplanung
Die Produktionsbereitschaft wird gesichert. Materialmangel wird vermieden.
Lieferkosten können gesenkt werden (Bestellkosten, Fracht, Transport ...)

Lösung zu Frage 95

- Verrichtung – Welche Tätigkeit wird ausgeführt?
  Z. B. verkaufen, einkaufen, herstellen, verpacken, bestücken, zeichnen.

- Phase – In welche Phase des Gesamtprozesses ist die Aufgabe einzugliedern?
  Z. B. planen, durchführen, kontrollieren.

- Rang – Ist die Aufgabe oder Teilaufgaben von anderen Stellen abhängig (Über-/Unterordnung)
  Z. B. anordnen, ausführen, abstimmen.

- Zweck – Was ist der Zweck im Einzelnen und die Bedeutung für das Gesamtprojekt dieser Aufgabe?
  Z. B. Zweckaufgaben (Produktion), unterstützende Aufgaben (Verwaltung)

- Objekt – Sind die Hauptaufgaben so umfangreich, dass Sie gegliedert werden müssen?
  Einkauf -> Bedarfsermittlung, Angebot einholen, vergleichen, nachverhandeln, Bestellung usw.

Lösung zu Frage 96

a. Die Fixkosten entstehen in der Rüstzeit, die variablen Kosten in der Zeit je Einheit.

Maschine A:

$$Kf_A = \frac{(17{,}50\ € + 24{,}00\ €) * 120\ \text{Min./Auftrag}}{60\ \text{Min.}} = 83\ €$$

$$Kv_A = \frac{(17{,}50\ € + 24{,}00\ €) * 14\ \text{Min./Stück}}{60\ \text{Min.}} = 9{,}68\ €/\text{Std.}$$

Maschine B:

$$Kf_B = \frac{(18{,}70\ € + 46{,}00\ €) * 300\ \text{Min./Auftrag}}{60\ \text{Min.}} = 323{,}50\ €$$

$$Kv_B = \frac{(18{,}70\ € + 46{,}00\ €) * 5\ \text{Min./Stück}}{60\ \text{Min.}} = 5{,}39\ €/\text{Stück}$$

$X_{krit} = (Kf_B - Kf_A) : (Kv_A - kv_B) = (323{,}50 - 83{,}00) : (9{,}68 - 5{,}39) = 56{,}06$ Stück

<u>Bei diesem Auftrag soll Maschine B genutzt werden.</u>

b. K_A =   83,00 € + (9,68 €/St. * 70 Stück) = 760,60 €
K_B = 323,50 € + (5,39 €/St. * 70 Stück) = 700,80 €
Ersparnis   = 59,80 €

Lösung zu Frage 97

$$X_{opt} = \sqrt{\frac{200 * 40.000 * 80}{5 * 15}} = 2.921,19 \text{ Stück} \approx 2.921 \text{ Stück}$$

Lösung zu Frage 98

a. Verbrauch pro Tag = 120.000 Stück : 360 Tage = 334 Stück/Tag
   Meldebestand = 334 Stück/Tag x (6 Tage + 1 Tag) + 7.000 Stück = 9.338 Stück

b. optimale Bestellmenge = $\sqrt{\frac{2 * 120.000 \text{ Stück} * 120 \text{ €}}{4,00 \frac{\text{€}}{\text{St.}} * 20\%}}$ = 6.000 Stück

c. Durchschnittlicher Lagerbestand = (6.000 Stück : 2) + 7.000 Stück
   = 10.000 Stück

d. Bestellrhythmus = 120.000 Stück/Jahr : 6.000 Stück/Bestellung
   = 20 Bestellungen/Jahr
   oder 360 Tage/Jahr : 20 Bestellungen/Jahr = 18 Tage/Bestellung

Lösung zu Frage 99

a. **Deckungsbeitrag**

kv = 27,60 € + 45,20 € = 72,80 €

db = p - kv = 99,00 € : St. - 72,80 €/St. = 26,20 €

b. **Break Even Point**

BEP = Kf : db
BEP = 4.300,00 €/T : 26,20 €/Stück = 164,12
Die Gewinnschwellmenge liegt bei **164,12 also bei 165** Stück pro Tag.

Lösung zu Frage 100

- Fehlerhafter aktueller Bestand
- Verändertes Bedarfsverhalten
- Schwankende Liefermenge
- Schwankende Lieferzeiten

Lösung zu Frage 101

a. **Primärbedarf**: Anhand des Produktionsprogramms ermittelte Menge der herzustellenden Produkte
b. **Sekundärbedarf**: mit Hilfe von Stücklisten in Einzelteile und Materialien aufgeteilter Bedarf
c. **Tertiärbedarf**: umfasst die geringwertigen Teile
d. **Bruttobedarf**: umfasst den Gesamtbedarf aller Teile
e. **Nettobedarf**: Bruttobedarf zuzüglich zu erwartendem Ausschuss, abzüglich bereits gelagerten Bestands.

Lösung zu Frage 102

a. Akkordrichtsatz = 23,00 € + 10 % = 25,30 €
   Entlohnung p. A. = 2.400 Min. * 25,30 € : 60 Min. = 1.012,00 €
   Tats. Std Lohn = 1.012 € : 32 Std. = 31,63 €

b. Zeitgrad = Sollzeit : Ist-Zeit * 100 % = 40 Std. : 32 Std. * 100 % = 1,25 %

c. FL/Stck = Gesamtlohnkosten : Menge = 1.012,00 € : 2.000 Stück = 0,51 €/Stück

Lösung zu Frage 103

Gesamtdauer des Projekts 21 Std.

Vorgang	5 h	10 h	15 h	20 h	25 h
A	■				
B		■■■			
C	■	■■■			
D			■■■■		
E				■■	
F				■	
G					■

Lösung zu Frage 104

Aktiva		BILANZ	Passiva
Anlagevermögen		Eigenkapital	785.200,00 €
Grundstücke	388.000,00 €	= Vermögen - Schulden	
Maschinen	351.500,00 €		
Fahrzeuge	80.000,00 €		
Geschäftsausstattung	23.500,00 €		
Umlaufvermögen		Fremdkapital	
Fertige Erzeugnisse	290.200,00 €	Darlehen	125.000,00 €
Kasse	14.200,00 €	Verbindlichkeiten	28.100,00 €
Bankguthaben	2.900,00 €	Bankschulden	212.000,00 €
Summe	**1.150.300,00 €**	**Summe**	**1.150.300,00 €**

Es fällt auf, dass das Unternehmen über ungewöhnlich hohes Eigenkapital verfügt.

Lösung zu Frage 105

Erstellen Sie die Bilanz zum Jahresende und ermitteln Sie Anlagevermögen, Umlaufvermögen und Eigenkapital.

Aktiva	BILANZ 31.12.2017		Passiva
Anlagevermögen	(106.400,00 €)	**Eigenkapital**	942.000,00
Bebaute Grundstücke	23.500,00 €	= Vermögen - Schulden	
Fertigungsanlagen	2.900,00 €	**Fremdkapital**	
Betr. und		Darlehen	251.500,00 €
Geschäftsausstattung	80.000,00 €		
		Verbindlichkeiten	28.100,00 €
Umlaufvermögen	(1.115.200,00 €)		
Rohstoffe	125.000,00 €		
Fertigprodukte	312.000,00 €		
Forderungen	38.000,00 €		
Kasse	350.000,00 €		
Bank	290.200,00 €		
Summe	**1.221.600,00 €**	**Summe**	**1.221.600,00 €**

Lösung zu Frage 106

a. Aktivtausch – Maschine nimmt im Aktiv zu, Bank nimmt im Aktiv ab.
b. Aktiv-Passiv-Mehrung - Rohstoffe nehmen im Aktiv zu, Verbindlichkeiten nehmen im Passiv zu.
c. Aktivtausch – Kasse nimmt im aktiv ab, Bank nimmt im Aktiv zu.
d. Aktiv-Passiv-Minderung – Bank nimmt im Aktiv ab, Verbindlichkeiten nehmen im Passiv ab.
e. Aktivtausch – Maschine nimmt im Aktiv ab, Kasse nimmt im Aktiv zu.

Lösung zu Frage 107

E1 = 4E1 + (1B3 * 2E1)   = 6 Stück

E2 = (3B2 * 4E2) + (4B1 * 6E2)   = 36 Stück

E3 = (1B3 * 5E3) + (4B1 * 2B4 * 2E3) = 21 Stück

E4 = 4B1 * 2B4 * 3E4   = 24 Stück

E5 = 3B2 * 2E5   = 6 Stück

Lösung zu Frage 108

Kapitalumschlag = Umsatz: eingesetztes Kapital = 3.800.000 € : 2.500.000 € = 1,52

Umsatzrentabilität = (Gewinn: Umsatz) * 100 % = 3,68 %

Kapitalrentabilität = (Gewinn: eingesetztes Kapital) * 100 % = 5,6 %

Lösung zu Frage 109

Zuerst filtern wir die Fixkosten.

10 % Material-GK	6.000 €	5.000 €	5.000 €	16.000 €
+ 110 % Fertigungs-GK	110.000 €	44.000 €	52.800 €	206.800 €
+ 20 % Verwaltungs- und Vertriebskosten	55.200 €	27.800 €	31.160 €	114.160 €
Fixe Kosten				336.960 €
Betriebsgewinn				**56.000 €**

Dann ermitteln wir den DB pro Sorte und Gesamt, um den Gesamtdeckungsbeitrag zu kennen.

	Erzeugnis A	Erzeugnis B	Erzeugnis C	Kostenträger insgesamt
Fertigungsmaterial variabel	60.000 €	50.000 €	50.000 €	160.000 €
Fertigungslöhne variabel	100.000 €	40.000 €	48.000.€	188.000 €
Summe variable Kosten	160.000 €	90.000 €	98.000 €	348.000 €
Verkaufserlöse	377.200 €	192.800 €	176.960 €	746.960 €
Deckungsbeitrag	**217.200 €**	**102.800 €**	**78.960 €**	**398.960 €**

Nun errechnen wir das Ergebnis ohne C, um den Gesamtdeckungsbeitrag ohne C zu kennen.

ohne Produkt C	Erzeugnis A	Erzeugnis B	Erzeugnis C	Kostenträger insgesamt
Fertigungsmaterial variabel	60.000 €	50.000 €		110.000 €
Fertigungslöhne variabel	100.000 €	40.000 €		140.000 €
Summe variable Kosten	160.000 €	90.000 €		250.000 €
Verkaufserlöse	377.200 €	192.800 €		570.000 €
Deckungsbeitrag	**217.200 €**	**102.800 €**		**320.000 €**

Danach ziehen wir die Fixkosten vom Deckungsbeitrag ab:
320.000,00 € - 336.960,00 €

Fixe Kosten				336.960 €
Betriebsergebnis				**-16.960 €**

Wichtig ist die Erkenntnis, dass die Gesamtfixkosten sich auch ohne die Herstellung des Produkts C nicht verändern. Sie sind angefallen und mindern sich nicht durch dessen Wegfall. Die variablen Kosten und der Erlös fallen natürlich weg.

Auch wenn Produkt C für sich ein negatives Betriebsergebnis ergibt, sieht man nach der Berechnung ohne C, dass dieses durch den Deckungsbeitrag zur Deckung der Fixkosten beigetragen hat. Daher wäre ohne Produkt C das Gesamtbetriebsergebnis negativ. Produkt C soll weiter hergestellt werden.

Lösung zu Frage 110

a. Fixkosten = 15.000,00 €
   Preis/Stück = 5.000,00 € : 10 Stück = 500,00 €/Stück
   Variable Kosten = in der Grafik erkennbar, dass sie 5.000 € für 20 Stück ergeben
   Kv = 5.000 € : 20 Stück = 250,00 €/Stück

b. BEP in der Grafik mit 60 Stück und 30.000,00 € erkennbar; rechnerisch:
   BEP = Kf : (p - kv) = 15.000,00 € : (500,00 €/Stück - 250,00 €/ Stück) = 60 Stück
   Umsatz bei BEP = 60 Stück * 50 €/Stück = 30.000,00 €

c. K = Kf + (kv * m) = 15.000,00 € + (250,00 € * 310,00 St.) = 92.500,00 €
   U = p * m = 500,00 € * 310 St. = 155.000,00 €
   BE = U - K = 155.000,00 € - 92.500,00 € = 62.500,00 €

8.2 Lösungen zur Probeprüfung

Lösung zu Frage P1

---

a. In Betriebsmittel wird Kapital in nicht geringer Höhe investiert. D. h. dass das Kapital gebunden wird (Fixkostenproblem). Wenn im Gegenzug nicht genug produziert wird, fehlen die notwendigen Umsatzerlöse, um das investierte Kapital wieder zu erwirtschaften.

Ferner fehlt der Ertrag, um weitere Kosten zu decken (z. B. Personalkosten, Verwaltungskosten etc.)

Außerdem fehlen Mittel zur weiteren Investitionen und Weiterentwicklung des Unternehmens (Innovation, neue Produkte etc.).

Im schlimmsten Fall kann das durch die Betriebsmittel hergestellte Produkt bereits veraltet sein, bevor die Kosten für die Betriebsmittel eingeholt werden (Amortisation).
(5 Punkte)

b.
- Wartungsintervalle einhalten
- Notfallreparatur betriebsintern gewährleisten (eigene Werkzeuge, Werkstätte)
- Mitarbeiter für kleine Reparaturen schulen
- Verschleißteile rechtzeitig auswechseln
- Betriebsmittel nicht permanent an der Kapazitätsgrenze nutzen
- Schnelle und Flexible Reparaturdienste und „Ad-hoc Einsätze" sicherstellen (Verträge mit Dienstleistern)

(10 Punkte)

Lösung zu Frage P2

a. Kapazitätsbedarf $= T_A + T_B + T_C + T_D$

$T_A = 6 * 200 + 3.600 * 30 = 109.200$ Min.
$+T_B = 5 * 120 + 2.500 * 68 = 170.600$ Min.
$+T_C = 8 * 75 + 2.000 * 34 = 68.600$ Min.
$+T_D = 10 * 70 + 2.000 * 14 = \underline{28.700}$ Min.
$T = 377.100$ Min. $= 6.285$ Std.

Tatsächliche Arbeitszeit eines Mitarbeiters = 100 % - 13 % - 4,5 % = 82,5 %
Kapazitätsbestand pro Mitarbeiter = 20 Tage * 8 Std * 82,5 % = 132 Std./Monat

Personalbedarf = 6.285 Std. : 132 Std./Ma. = 47,61 Ma., also 48 Mitarbeiter
(14 Punkte)

b. Personalbedarf = $\dfrac{6.285 \text{ Std.} * 1{,}04}{132 \text{ Std} * 1{,}2}$ = 41,27 Ma, also 42 Mitarbeiter

(18 Punkte)

Lösung zu Frage P3

- **Internes Rechnungswesen**
  - Kostenermittlung (Kostenartenrechnung). Hier wird ermittelt, welche Kosten in welcher Höhe angefallen.
  - Betriebsergebnis-Ermittlung (Kostenträgerzeitrechnung). Welche Kosten sind in der Fertigung von bestimmten Gütern/Dienstleistungen angefallen, wie hoch sind die Erlöse, welches Ergebnis wird durch das Produkt erzielt.
  - Verkaufspreiskalkulation. Ausgehend von den Selbstkosten werden die Verkaufspreise ermittelt. Hierzu werden Gewinnzuschlag, Rabatte, Skonti etc. berücksichtigt.
  - Ermittlung von Gemeinkostenzuschlagssätze (Kostenstellenrechnung)

- **Externes Rechnungswesen**
  - Ermittlung/Bewertung der Vermögensbestände. Wie hoch ist das Vermögen in Form von Geld, Anlagen, Gebäude, Forderungen usw.?
  - Ermittlung aller Verbindlichkeiten (ähnlich wie oben)
  - Jahresabschluss (Gewinn und Verlust)
  - Dokumentation aller Geschäftsvorfälle. Auch aufgrund des Berichts und Buchführungspflichten müssen alle Geschäftsvorfälle dokumentiert (gebucht) werden.

Je 1 Punkt pro Aufgabe bei Nennung + je 1 Punkt für die kurze Erklärung.
(8 Punkte)

Lösung zu Frage P4

a. Nebenberechnungen:
Verbrauch pro Woche = 50.000 kg/50 Wochen = 1.000 kg/Woche
Sicherheitsbestand = Verbrauch für 1 Woche = 1.000 kg

Meldebestand = Verbrauch pro Woche * Lieferzeit + Sicherheitsbestand
Meldebestand = 1.000 kg/Woche * 2 Wochen + 1.000 kg = 3.000 kg

b. $\sqrt{\dfrac{200*50.000*60}{6,5\ \text{€}*14\ \%}}$ = 2.567, 76 kg (offizielles Ergebnis; in der Praxis wird auf eine volle Zahl – 2.568 kg aufgerundet)

c. Reichweite = $\dfrac{\text{Bestellmenge + Sicherheitsbestand - Meldebestand}}{\text{Verbrauch / Woche}}$

= (2.567,76 + 1.000 - 3.000) : 1.000 kg = 0,57 Wochen

d. Umschlagshäufigkeit = Verbrauch : Durchschnittlicher Lagerbestand
= 50.000 kg : (1.000 kg + (2.567,76 : 2))
= 21,89 also 22 Bestellungen

(18 Punkte)

Lösung zu Frage P5

Sorte	Menge St.	Gewicht kg	ÄZ	RE	Stückkosten	Gesamtkosten
A	12.000	1,5	1	12.000	6,00 €	72.000,00 €
B	8.000	3,75	2,5	20.000	15,00 €	120.000,00 €
C	14.000	4,50	3	42.000	18,00 €	252.000,00 €
D	8.000	3,00	2	16.000	12,00 €	96.000,00 €
Gesamt	42.000			90.000		540.000,00 €

Nebenrechnungen/Vorgehensweise:
- Menge D = 42.000 - (12.000 + 8.000 + 14.000) = 8.000 St.
- Ä – Ziffern werden ermittelt, indem einer der Gewichtsangaben auf 1 gesetzt und alle anderen in der gleichen Relation berechnet werden.
- D. h. bei A wird 1,5 kg : 1,5 = 1 ermittelt, daraus resultiert die logische Folge, dass alle kg-Angaben der weiteren Sorten je durch 1,5 geteilt werden.
- Menge * ÄZ = RE
- Kosten pro RE = Gesamtkosten : RE = 540.000 : 90.000 = 6,00 €/RE
- Je Sorte werden Kosten pro Recheneinheit * ÄZ genommen und so alle Stückkosten ermittelt.
- Je Sorte führt die Formel „Stückkosten * Menge" zu den Gesamtkosten.

(16 Punkte)

Lösung zu Frage P6

a. 1. Stammkapital beträgt 25.000,00 €
2. Der Geschäftsführer
3. Der Geschäftsführer
4. nach Geschäftsanteilen im Verhältnis oder Gesellschaftsvertrag
5. Haftung mit Gesellschaftsvermögen, kann über Stammkapital liegen.
6. Gesellschafter haften jeweils mit Ihrer Einlage.

b. Gesetzlich vorgeschrieben ist der Aufsichtsrat bei einer Belegschaft von mehr als 500 Mitarbeitern. Unter 500 Mitarbeiter kann eine GmbH sich selbst für einen Aufsichtsrat entscheiden.

c. In einer KG haftet der Komplementär vollumfänglich, also auch mit dem Privatvermögen. Ist der Komplementär aber eine GmbH, so wird die Haftung auf das Gesellschaftsvermögen der GmbH beschränkt.

(12 Punkte)

Lösung zu Frage P7

MGKZ = MGK : MEK * 100 %
= 4.266.500,00 € : 18.550.000,00 € * 100 % = 23 % (2 Punkte)

$FGKZ_A$ = FGK_A : FLK_A * 100 %
= 1.921.875,00 € : 512.500,00 € * 100 % = 375 % (2 Punkte)

$FGKZ_B$ = FGK_B : FLK_B * 100 %
= 1.763.712,00 € : 612.400,00 € * 100 % = 288 % (2 Punkte)

HK = MGK + MEK + FGK_A + FLK_A + FGK_B + FLK_B
= 27.626.987,00 € (2 Punkte)

VVGKZ = VVGK : HK * 100 %
= 18 % (2 Punkte)
(10 Punkte)

Lösung zu Frage P8

Gründe für Outsourcing
- Da Krankheit, Urlaub, Sozialversicherungen und andere Personalkosten nicht mehr getragen werden müssen, sinkt das Kostenrisiko.
- Für bestimmte Bereiche, die spezielles Know-how, Fachkenntnisse, Erfahrung erfordern, ist der Einsatz von Spezialisten durch Outsourcing möglich.
- Das Unternehmen kann seine Kapazitäten auf die Kernkompetenzen und Erfordernisse konzentrieren. So werden Ressourcen eingespart.

Gründe gegen Outsourcing
- Die Überwachung der Qualität wird erschwert, insbesondere da direkte Weisungsbefugnis an Mitarbeiter der Dienstleister fehlt.
- Know-how Verlust. Der betroffene Kompetenzbereich wird nicht weiterentwickelt.
- Imageverlust. Verbraucher und Kunden können da Gefühl haben, das Unternehmen gehe den leichten Weg und schiebe Kompetenzbereiche oder z. B. unliebsame Aufgaben kurzerhand von sich.
- Die Entscheidung ist nicht mehr leicht rückgängig zu machen, da eine Umstrukturierung auch mit hohen Kosten verbunden ist. (Betriebsmittel, Organisation, Schulungen, Weiterbildungen etc.)

(8 Punkte)

Gesamt: 100 Punkte

9 Quellenverzeichnis / Literaturverzeichnis

Rahmenplan Geprüfte/r Meister/in für Schutz und Sicherheit, 2. Auflage, März 2007

Bülbül: Industriemeister Betriebswirtschaftliches Handeln, Verlagshaus Zitzmann Nürnberg, 2. Auflage 2017

Weitere Literatur:

Gesetzessammlung Industriemeister – Grundlegende Qualifikationen / Ausbildereignungsprüfung gem. AEVO, 6. Auflage (Stand 2019).

Diese Gesetzessammlung enthält keinerlei Kommentierungen. Sie ist daher als Hilfsmittel in der Prüfung zugelassen.

Taschenbuch / ISBN 978-3-96155-101-9 / € 18,90

Industriemeister – Grundlegende Qualifikationen Band 3 Zusammenarbeit im Betrieb, 2. Auflage 2017

Taschenbuch / ISBN 978-3-96155-014-2 / € 25,80

Industriemeister – Grundlegende Qualifikationen Band 2 Betriebswirtschaftliches Handeln, 2. Auflage 2017

Taschenbuch / ISBN 978-3-96155-026-5 / € 30,80

Auf unserer Homepage…
        einfach Buch anklicken …
                und direkt online bestellen.

LIEFERUNG **kostenlos**.

www.verlagshaus-zitzmann.de

Wir bieten Ihnen folgende Lehrgänge:
- Meister für Schutz und Sicherheit
- Fachkraft für Schutz und Sicherheit
- Geprüfte Schutz- und Sicherheitskraft
- Werkschutzlehrgänge I – IV

Jetzt informieren:
http://www.akademiefuersicherheit.de

Sachkun.de

Bereiten Sie sich jetzt auf die Sachkundeprüfung ab 9,90 € vor.
Jetzt informieren:
http://www.sachkun.de/

V | H | Z
Verlagshaus Zitzmann

Erfolg in der Prüfung beginnt mit der richtigen Literatur. Bei uns finden Sie:
- Lehr- und Übungsbücher (auch als Ebooks und Hörbücher)
- Karteikarten (analog und digital)

Jetzt informieren:
http://www.verlagshaus-zitzmann.de/

Für alle, die in der privaten Sicherheitsbranche was erreichen wollen. Jede Woche eine neue Folge:
Jetzt informieren: http://www.podcast-fuer-schutz-und-sicherheit.de